Das Kursbuch Musik 1

Schülerarbeitsheft 1 B

für den Unterricht an allgemeinbildenden Schulen

von Markus Detterbeck
und Gero Schmidt-Oberländer

unter Mitarbeit von Joachim Fischer

HELBLING

Innsbruck • Esslingen • Bern-Belp

Arbeitsheft zum Schülerband
MusiX. Das Kursbuch Musik 1
S6560
ISBN 978-3-86227-060-6

Im Schülerarbeitsheft wird auf Audio-CDs, eine DVD und eine CD-ROM verwiesen. Diese enthalten ausschließlich optionale Unterrichtsmaterialien; sie unterliegen nicht dem staatlichen Zulassungsverfahren.

Redaktion: Dr. Daniela Galle, Dr. Matthias Rinderle
Illustrationen: Fides Friedeberg (Bonn), Achim Schulte (Dortmund), Inkje Dagny von Wurmb (Stuttgart)
Notensatz: Susanne Höppner, Neukloster
Layout und Satz: Marcus Koopmann, Kerken
Umschlag: Marinas Werbegrafik, Innsbruck
Druck und Bindung: Athesia Druck, Bozen, Italien

Quellenverzeichnis:
Bilder: Vorderseite (v. l. n. r.): © ullstein, © Kasseler Musiktage (Pete Checchia, www.petesart.com), © dpa Picture-Alliance, © getty-images; Deutsche Uilleann Pipes Gesellschaft, Jens Kommnick: S. 58 (r. u.); Dieter Mack: S. 57 (r.); Arnold Stölzel GmbH – Wiesbaden: S. 13 (o. & u.); Alwin Wollinger: S. 58 (r. o.); Corbis: S. 58 (1. & 3. v. l. & 2. v. r. o.), 60 (2 x l.); dpa Picture-Alliance: S. 13 (m.), 46 (m.), 58 (Hintergrund & 2. v. l.), 60 (2 x r.), 61 (o.), 61 (m.); Fotoarchiv: S. 61 (u.); getty-images: S. 57 (2. v. r.); Helbling: S. 7, 11 (l.); Instrumenten-DVD: S. 11 (alle, außer Röhrenglocke), 30; Salzburger Festspiele: S. 46 (u.); Wikipedia: S. 46 (o.), 50 (r. u.), 57 (l. & 2. v. l.), 61 (Flaggen)
Noten: S. 6: Y. M. C. A. © Scorpio Music Ste. Arl, Roba Music Verlag GmbH, Hamburg; S. 20: Tassen-Tango © Helbling, Innsbruck • Esslingen • Bern-Belp; S. 33: Was ist ein Kanon? © Helbling, Innsbruck • Esslingen • Bern-Belp; S. 43: Go West, Text: H. Belolo, Musik: J. Morali © Scorpio Music Ste. Arl, Roba Music Verlag GmbH, Hamburg; S. 44: Turkey Trot – Divertimento for Orchestra © Boosey & Hawkes, Bote & Bock, Berlin; S. 50 (l. u.): Epitaph for Moonlight, Musik: M. Schafer © Universal Edition; S. 54 (r. u.): Sounding picture II, Musik: H. W. Erdmann © Heinz W. Burow Musikverlag, Adendorf; S. 54 (l. o.): Lesen macht schlau, Text u. Musik: M. Detterbeck © Helbling, Innsbruck • Esslingen • Bern-Belp; S. 54 (l. u.): Künstlerpech, Text: J. R. Köhler, Musik: K. Stahmer © Eres Edition Musikverlag, Lilienthal/Bremen; S. 55: De natura sonoris I © Schott Music GmbH & Co. KG, Mainz

Nicht in allen Fällen war es uns möglich, den Rechteinhaber ausfindig zu machen. Berechtigte Ansprüche werden selbstverständlich im Rahmen der üblichen Vereinbarungen abgegolten.

S6562
ISBN 978-3-86227-062-0

1. Auflage A1¹⁵ / 2023

Alle Drucke dieser Auflage können im Unterricht nebeneinander benutzt werden; sie sind untereinander unverändert.

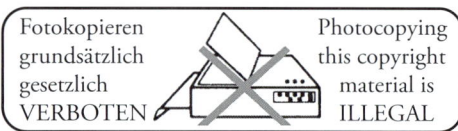

Fotokopieren grundsätzlich gesetzlich VERBOTEN — Photocopying this copyright material is ILLEGAL

Inhaltsverzeichnis

Unterteilung des Grundbeats und Swing-Feeling

(→ SB, S. 135)

Zur Erinnerung: Den Grundschlag sprechen wir mit der Silbe ♩
du

Für die Zweierunterteilung nutzen wir die Silben ♩ ♪,
du   dei

für die Dreierunterteilung ♪ ♪ ♪.
du da di

Aufgabe 1

a) Sprich zunächst die unten stehenden Rhythmen mit der Rhythmussprache. Notiere dann die richtigen Rhythmussilben unter den Notenbeispielen.

b) Ergänze die fehlenden Taktangaben.

c) Markiere Zweierunterteilungen blau und Dreierunterteilungen grün.

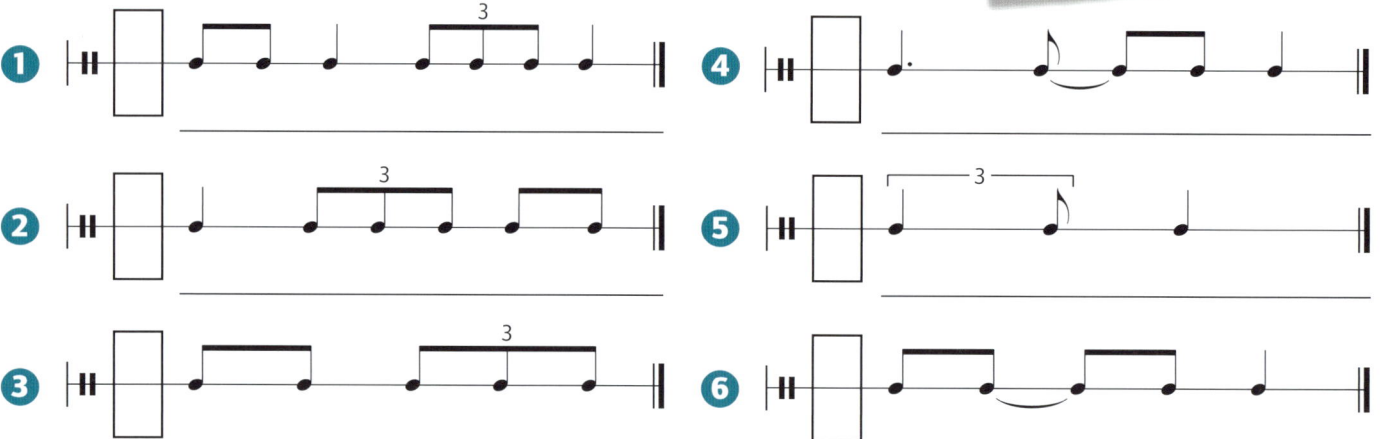

Aufgabe 2

Dein Lehrer oder deine Lehrerin spielt kurze Rhythmen vor.

a) Entscheide, wo Zweier- oder Dreierunterteilungen des Grundbeats erklingen. Ergänze die fehlenden Noten entsprechend.

b) Trage die richtige Taktangabe ein.

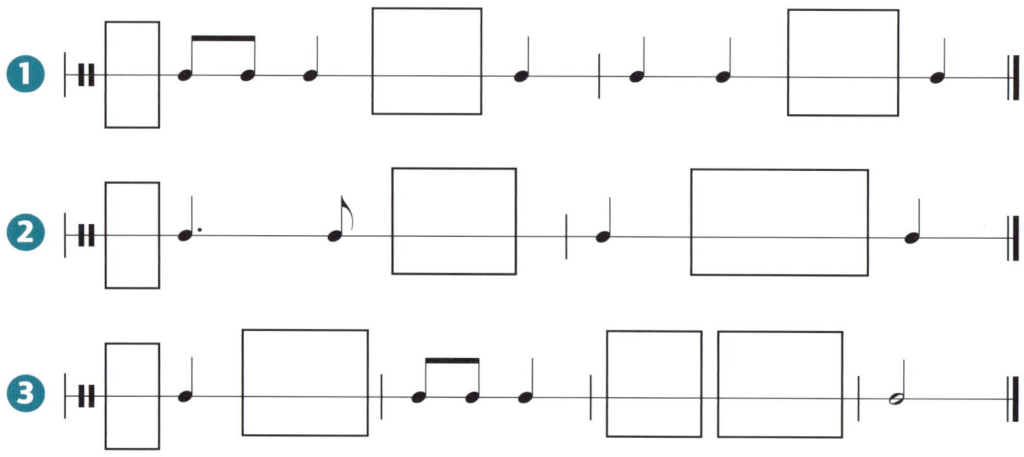

Aufgabe 3

Höre dir den Song „Three Little Fishies" noch einmal an und verfolge dabei die Noten in deinem Schülerbuch auf S. 134.

Erkläre, was dieses Zeichen bedeutet: ♪♪ = ♪♪♪

Verwende folgende Fachbegriffe: Achtelnoten – Dreierunterteilung – Swing-Feeling – Triole.

_____

_____

_____

Die Synkope – eine Störung in der Musik?

(→ SB, S. 136)

Aufgabe 4

a) Notiere die ersten vier Takte des „Ohne-Synkopen-Songs" unter dem „Synkopen-Song". Beachte dabei, dass die Noten genau unter den jeweiligen Zählzeiten stehen.

b) Markiere in Takt 2 und 4 mit blauer Farbe die Stellen im „Synkopen-Song", an denen der Rhythmus vom „Ohne-Synkopen-Song" abweicht.

c) Beschreibe, auf welche Weise der Rhythmus an den markierten Stellen verändert wurde. Verwende dazu folgende Begriffe: Achtelnote – vorgezogen – Zählzeiten.

_____

_____

d) Die „Verschiebung" der Betonungen auf unbetonte Zählzeiten nennt man Synkope. Singe die beiden Abschnitte. Verfolge dabei genau die Noten. Beschreibe dann die unterschiedliche Wirkung der beiden Songs mit eigenen Worten.

_____

_____

_____

Synkopen

Grundwissen aktiv

Fülle den Lückentext mithilfe der Auswahlwörter unten aus.

Wird eine _____ auf eine _____ Zählzeit verlagert („vorgezogen"),

so nennt man dies _____. _____ bringen _____ und

_____ in die Musik.

> **Auswahlwörter:** Abwechslung – Betonung – Spannung – Synkope – Synkopen – unbetonte

Hier siehst du einen Rhythmus ohne und (darunter notiert) mit Synkopen.
Verdeutliche die Synkopen mit Pfeilen.

5

Mit Synkopen zum Groove

(→ SB, S. 138)

Aufgabe 5

a) Schreibe in den abgedruckten Takten des Songs „Y.M.C.A." von den *Village People* die Zählzeiten über die Takte. Achte darauf, dass die Zahlen genau an der richtigen Stelle stehen (auf jedem Viertelschlag). Die ersten zwei Takte sind vorgegeben.

Y.M.C.A.

Text: H. Belolo, Musik: J. Morali
© Scorpio / Roba

b) Sprich den Text in langsamem Tempo im Rhythmus des Liedes. Führe dazu die Bodypercussion aus. So erspürst du die „vorgezogenen" Wörter bzw. Silben.

Bodypercussion

(mit beiden Händen auf Oberschenkeln spielen)

c) Trage die vorgezogenen Wörter bzw. Silben der Reihe nach mit Großbuchstaben in die Kästchen ein.

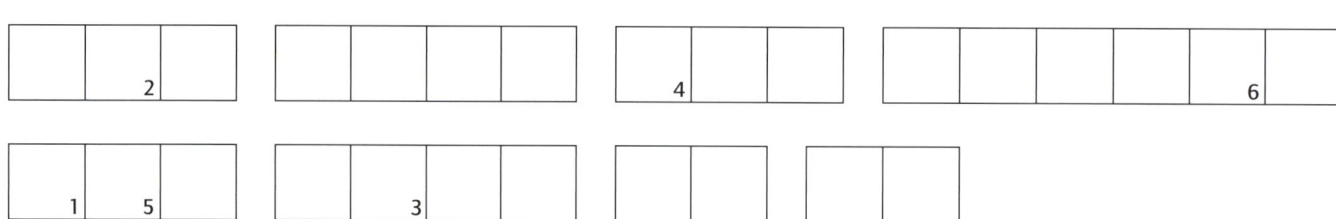

d) Wenn du beim Lösungswort unten die richtigen Buchstaben ergänzt, erhältst du einen weiteren Hit der Band *Village People*.

Aufgabe 6

(→ SB, S. 138, A 2)

a) Notiere die ersten beiden Takte des Songs als „Ohne-Synkopen-Song".

b) Vergleiche singend die beiden Versionen.

Info: In Popsongs werden Synkopen verwendet, um die Rhythmen interessanter zu gestalten. Synkopen tragen oft entscheidend zum „Drive" von Popsongs bei.

6

Aufgabe 7

a) Dein Lehrer oder deine Lehrerin spielt dir einen Rhythmus vor. Entscheide, welche Puzzleteile an den Leerstellen eingefügt werden müssen. Übertrage die richtigen Puzzleteile in das Notenbeispiel.

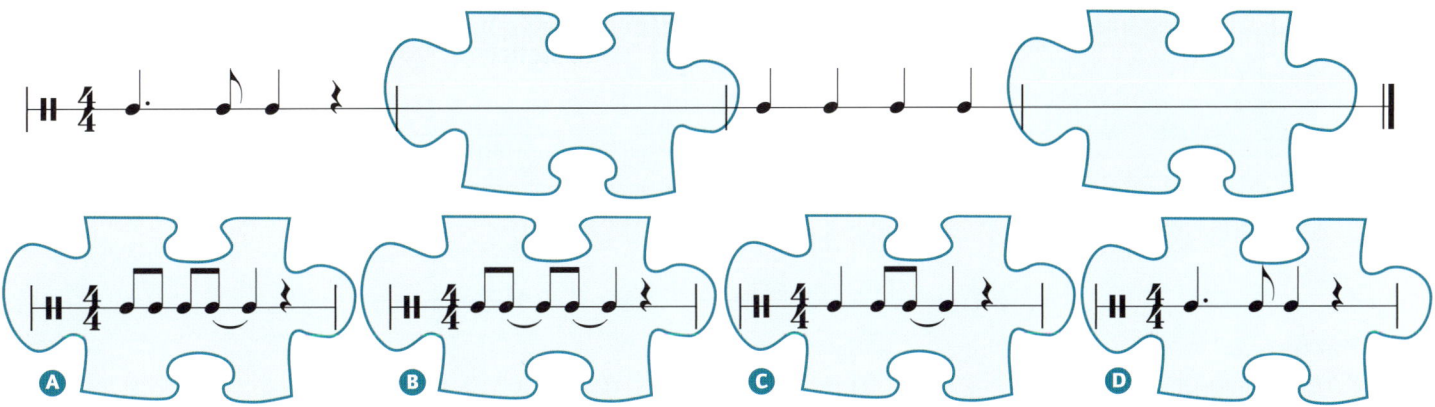

b) Löse nun das Rhythmus-Melodie-Puzzle.

c) Markiere die in den Notenbeispielen vorkommenden Synkopen farbig.

Eine Handvoll Trommeln: das Drumset

(→ SB, S. 140)

Aufgabe 8

Beschrifte die einzelnen Instrumente des Drumsets. Lies dazu den Text über die Instrumente des Drumsets in deinem Schülerbuch auf S. 140 durch.

Aufgabe 9

a) Ordne jedem Drumset-Pattern die richtigen Instrumente zu und schreibe unter die Noten die entsprechenden Vocussion-Silben.

[**Tipp**] Studiere zunächst die Wissensbox auf S. 141 in deinem Schülerbuch.

Pattern 1

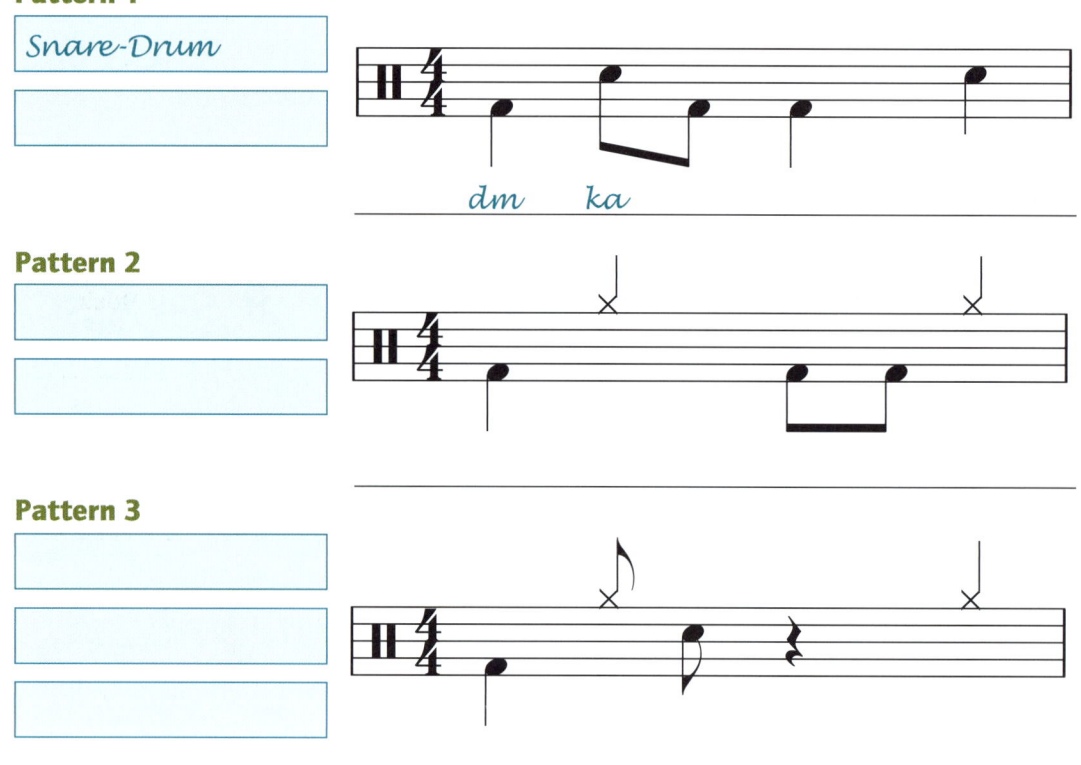

Pattern 2

Pattern 3

b) **Partnerarbeit:** Sprich deinem Banknachbarn mehrmals eines der Schlagzeugpatterns vor. Kann er es richtig erkennen und benennen? Wechselt die Rollen.

c) **Rhythmusdiktat:** Denke dir ein eigenes (einfaches!) Pattern aus, notiere es und diktiere es deinem Partner mithilfe der Vocussion-Silben. Wechselt dann wieder die Rollen.

mein Pattern

Pattern, das mein Partner mir diktiert hat

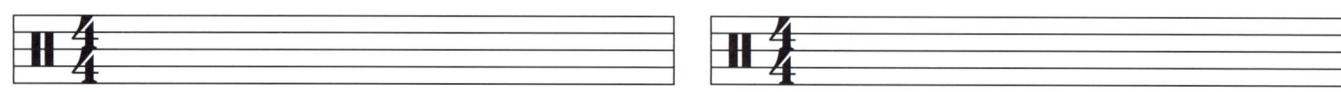

[Das habe ich in diesem Kapitel gelernt]	Klar kann ich das!	Das gelingt mir meistens.	Das fällt mir noch schwer.
✚ sicher mit Zweier- bzw. Dreiunterteilungen des Grundbeats umzugehen (schreiben und hören)			
✚ was Swing-Feeling bedeutet und wie es entsteht			
✚ Synkopen zu erkennen (in den Noten und in Hörbeispielen)			
✚ warum Songwriter in der Popmusik oft Synkopen verwenden			
✚ die Instrumente des Drumsets zu benennen			
✚ Schlagzeugpatterns zu sprechen, zu schreiben, zu diktieren und zu erkennen			

8

Töne malen Bilder: Programmmusik

(→ SB, S. 147)

Ein Fernsehprogramm informiert uns über die aktuellen Sendungen. In der Musik gibt es manchmal auch ein Programm: Es gibt an, was die Musik ausdrücken will.

Aufgabe 1 🅓 41–44

(→ SB, S. 147, A 1)

a) Ordne den vier Hörbeispielen die Begriffe **Küken, Zug, Schlacht** und **Schwan** zu und schreibe sie in die blauen Kästchen.

b) Höre dir die Hörbeispiele noch einmal an. Mit welchen Mitteln setzt der Komponist jeweils das musikalische Programm um? Fülle die Lücken in der Tabelle, indem du die Aussagen über die Musik (unten) jeweils dem richtigen Hörbeispiel und dem passenden musikalischen Parameter zuweist.

	Lautstärke	Tempo	Klangfarbe (Instrumente)	Tonhöhe
Hörbeispiel 1		*Eindruck des Schnellerwerdens, Veränderung*		
Hörbeispiel 2	*plötzliche Akzente, Kontrast*			
Hörbeispiel 3		*ruhig, wiegend*		*sanft auf- und abgleitende Melodie*
Hörbeispiel 4	*halblaut (mp)*		*heller, „spitzer" Klang, Wiederholung*	

Aussagen über die Musik:

„bedrohliche" Liegeklänge von Streichern und Bläsern – Dreiklangszerlegungen, schnelle Tonwiederholungen (Repetitionen) – helle, schmetternde Trompetensignale und Trommelwirbel – „Klangtupfer" und Läufe in vorwiegend hoher Lage – lebhaft, anmutig – ruhig, leise (*p*) – sonorer, ausdrucksvoller Klang des Cellos mit Klavierbegleitung – starkes Crescendo (= lauter werden) – tiefe, „knarrende" Klangschübe – „zackig", marschartig

Aufgabe 2 🅓 41–44

(→ SB, S. 147, A 2)

a) Überlege: Mit welchem der vier Beispiele aus Aufgabe 1 gelang es deiner Meinung nach dem Komponisten am überzeugendsten, sein Programm in Musik umzusetzen?
Begründe deine Wahl: Beschreibe, mit welchen Mitteln der Komponist dies erreicht.

_____

_____

_____

b) Finde Gründe, warum es gar nicht so einfach ist, die konkreten Absichten eines Komponisten bzw. das Programm einer Komposition hörend zu erkennen.

_____

_____

_____

Programmmusik

Beim Schreiben des Kommentars für ein Programmheft war der Redakteur an einigen Stellen unsicher. Hilf ihm und markiere die richtigen Begriffe mit grüner Farbe.

Musik, die nur mit **Stimme / Instrumenten / Blasinstrumenten** etwas Außermusikalisches (Erlebnisse, Eindrücke, Ereignisse etc.) darstellt, nennt man **Parademusik / Promenadenmusik / Programmmusik.** Häufig wurden die Komponisten von Gedichten, Malerei, Natur oder Technik zu ihrer Musik inspiriert. Damit die Zuhörer sich mit den konkreten Inhalten der Komposition vertraut machen konnten, haben die Komponisten oft in sogenannten **Programmen / Produkten / Musikführern** aufgeschrieben, was sie mit ihrer Musik ausdrücken wollten. Ohne die **innermusikalische / unmusikalische / außermusikalische** Vorlage zu kennen, ist meist schwer feststellbar, was der Komponist genau vertont hat: Tonfolgen (z. B. bestimmte Sprünge), Tempo, Klänge und auch musikalische Stimmungen können unterschiedlich gedeutet werden.

Donner und Blitz: Ein Gewitter in der Musik

(→ SB, S. 148)

Aufgabe 3

(→ SB, S. 149, A 2/3)

a) Beschreibe die musikalischen Mittel der einzelnen Notenbeispiele und trage deine Ergebnisse in die Tabelle unten ein. Die Formulierungshilfen auf S. 149 in deinem Schülerbuch unterstützen dich dabei.

Notenbeispiel	musikalische Mittel
Violinen / Pauke	_____
Violinen	_____
Violoncelli Kontrabässe	_____

b) Fülle den Lückentext aus.

Der „krachende" _____-Schlag symbolisiert ein tief grollendes _____ , die auf-

wärts „zuckenden" Motive in der _____ erinnern an _____ . Ganz allmählich beginnen die

_____ zu fallen: die _____ spielen auf- und absteigende Tonleitern mit

kurz gespielten Achtelnoten (_____) im Pianissimo. Die tiefen Klänge der _____

und _____ erinnern an fernes Donnergrollen.

c) Höre einen Ausschnitt aus der Gewittervertonung
(ca. 1 Minute) an und erstelle eine grafische
Ablaufskizze. Verwende gleiche oder ähnliche Symbole:

0   ca. 30 Sek.   ca. 1 Min.

Eine Nacht auf dem kahlen Berge

(→ SB, S. 150)

Aufgabe 4

(→ SB, S. 151, A 3)

Verbinde die Stationen aus Mussorgskis Programm zur „Nacht auf dem kahlen Berge" (blaue Felder) mit den
zugehörigen Instrumenten (gelbe Felder).

Unirdischer Lärm der
Geister und Hexen

Erscheinung des Satans

Sonnenaufgang –
Geister der Finsternis
zerstreuen sich

Tagesanbruch

11

Aufgabe 5 (E 6)

(→ SB, S. 151, A 4)

Höre noch einmal die ganze Komposition von Modest Mussorgski und beantworte dann die Fragen.

[Tipp] Es ist gar nicht einfach, einem längeren Musikstück aufmerksam zuzuhören. Man muss das trainieren. Die Fragen unten sollen dir dabei helfen. Lies sie zuerst aufmerksam durch, nimm dir dann eine Stoppuhr und konzentriere dich beim Hören der Reihe nach auf die Inhalte.

❖ Bei welcher Minuten- und Sekundenzahl ertönt das Lied der Hexen und Geister zum ersten Mal?

Bei ca. _____

❖ Wann erklingt das Motiv des Satans zum ersten Mal (Minuten- und Sekundenangaben)?

Von ca. _____ bis ca. _____

❖ Wie oft schlägt die Glocke vor Sonnenaufgang? _____ Mal

❖ Welches Holzblasinstrument spielt dabei unisono (im Gleichklang) mit der Glocke? _____

❖ Welches Instrument spielt bei 8:42 die Melodie? _____

Aufgabe 6

Ergänze den Lückentext mithilfe der Auswahlwörter.

Das _____ „Eine Nacht auf dem kahlen Berge" von Modest Mussorgski ist eines der

bekanntesten Beispiele für die russische _____ des 19. Jahrhunderts. In seinem Werk

beschreibt Mussorgski in feurigen _____ den grauenerregenden Tanz der

Hexen in der Johannisnacht (23. auf 24. Juni) auf dem Berg Triglav. So stellt er das Erscheinen des Satans mit

_____, den Lärm der Geister mit Geigen und hohen _____

_____ dar. Eine Glocke kündigt den _____ an, Harfen und

_____ lassen eine friedliche Morgenstimmung erklingen. Eine Komposition, die versucht,

_____ Inhalte (beispielsweise Bilder, Geschichten, Menschen oder Land-

schaften) in Musik umzusetzen, nennt man _____.

> **Auswahlwörter:**
> außermusikalische – Blechblasinstrumenten – Flöten – Holzblasinstrumenten – Orchesterfarben –
> Orchesterstück – Programmmusik – sinfonische Dichtung – Tagesanbruch

Instrumente rufen Bilder wach

(→ SB, S. 152)

Aufgabe 7 (E 10–15)

(→ SB, S. 153, A 3)

Bereits vor langer Zeit begannen die Menschen damit, Signale auf unterschiedlichen Instrumenten zu spielen, um Nachrichten über weite Distanzen zu übermitteln. Höre dir die Signale aufmerksam an und verfolge die Notenbeispiele auf S. 152/153 in deinem Schülerbuch. Notiere in der Tabelle mindestens eine zusätzliche Besonderheit bezogen auf die Tonfarbe oder den Rhythmus für jedes Signal.

Jagdhorn

❶ Aufbruch zur Jagd ❖ _der Quintsprung c – g wird 6 x wiederholt_

❷ Ende der Jagd (Halali) ❖ _am Ende ein langer hoher Ton_

Posthorn

❶ Ankunft einer Extrapost ❖ _Tonwiederholung zu Beginn mit charakteristischem_
Rhythmus:

❷ Anzahl der zu wechselnden Pferde ❖ _Quartsprung abwärts, dann zurück zum Ausgangston_

Trompete

❶ Signal zur Versammlung der Truppen ❖ _durchgehend punktierter Rhythmus (Reiterrhythmus):_

❷ Officer's Call ❖ _charakteristisches rhythmisches Motiv:_

Aufgabe 8

(→ SB, S. 153, A 4)

Signalprüfung: Für einen Jäger, Postillion oder Soldat war es wichtig, Horn- oder Trompetensignale zu verstehen. Das war gar nicht so einfach. Wie schneidest du bei der Signalprüfung ab? Präge dir die Signale nochmals gut ein. Schließe dann dein Schülerbuch und schreibe auf, welche Signale ertönen.

Prüfung 1: Ⓔ 16

	Bezeichnung des Signals
Signal 1	
Signal 2	
Signal 3	

Prüfung 2: Ⓔ 17

	Bezeichnung des Signals
Signal 1	
Signal 2	
Signal 3	

13

Aufgabe 9

Gruppenarbeit: Komponiert in einer Kleingruppe (2–4 Schüler) ein eigenes Signal.

Vorbereitung

a) Klatscht zunächst die folgenden sechs Rhythmusbausteine.

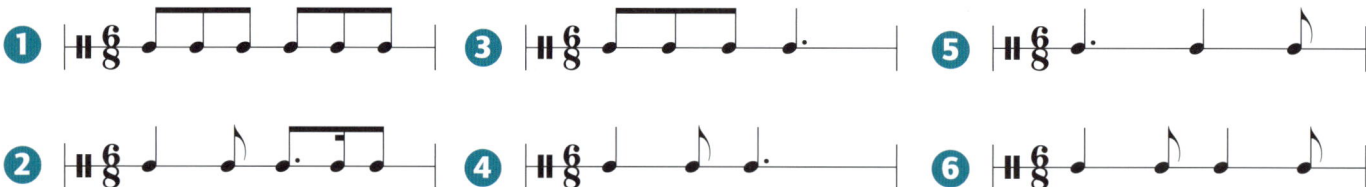

b) Führt einen Rhythmustest durch: Einer von euch kombiniert zwei beliebige Rhythmen miteinander und klatscht sie. Kann der Rest der Gruppe korrekt nachklatschen und die Rhythmusbausteine benennen?

Komposition

c) Geht beim Komponieren eures eigenen Signals nach folgenden Schritten vor:

❖ **Schritt 1:** Sucht euch zwei oder maximal drei verschiedene Rhythmusbausteine aus.
❖ **Schritt 2:** Setzt daraus einen Rhythmus zusammen und notiert diesen in der Notenvorlage unten (obere Zeile). Beachtet dabei, dass der Schlusstakt vorgegeben ist.

   [**Tipp**] Ihr könnt auch mit einer Achtelnote Auftakt beginnen.

❖ **Schritt 3:** Erfindet zu eurem Rhythmus eine Melodie. Verwendet dazu folgende (Natur-)Töne:

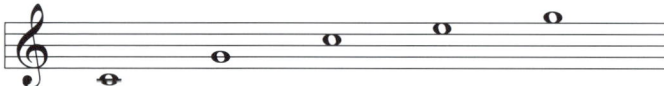

   [**Tipp**] Das Ergebnis sollte so einfach sein, dass ihr es aus dem Gedächtnis ausführen könnt.

❖ **Schritt 4:** Notiert die Melodie in der Vorlage unten (untere Zeile) mit eurem zuvor festgelegten Rhythmus.
❖ **Schritt 5:** Erfindet einen aussagekräftigen Titel (z. B. „Arbeitshefte einpacken").
❖ **Schritt 6:** Übt euer Signal gut ein (Klavier oder Stabspiel) und spielt es den anderen Gruppen vor.

Titel unseres Signals:

Aufgabe 10

(→ SB, S. 154, A 5b)

a) Notiere den Tonvorrat (also alle vorkommenden Töne) der vier Hornstimmen auf S. 154 in deinem Schülerbuch. Beginne mit dem tiefsten und ende mit dem höchsten Ton.

b) Welche Besonderheit fällt dir am Ergebnis auf? Kreuze die korrekten Aussagen an:

☐ Es kommen alle Töne der Tonleiter vor.

☐ Es sind Töne mit Vorzeichen.

☐ Es werden lediglich drei **verschiedene** Töne verwendet.

☐ Der Tonvorrat beschränkt sich auf die Töne des C-Dur-Dreiklangs.

☐ Die Abfolge der Töne ist $c' - g' - c'' - e'' - g''$.

Info: Das Horn konnte früher (ohne Ventile) mit Veränderung der Lippenspannung nur eine Auswahl an bestimmten Tönen spielen, die sogenannten **Naturtöne.**

6/8-Takt mit Schwung

(→ SB, S. 155)

Aufgabe 11

(→ SB, S. 155, A 2)

a) **Gruppenarbeit:** Sucht aus den Rhythmusbausteinen **A** bis **H** auf S. 155 des Schülerbuchs vier verschiedene aus. Einigt euch auf eine Reihenfolge der vier Bausteine und notiert sie entsprechend.

b) Übt den so entstandenen viertaktigen Rhythmus.
c) **Für Profis:** Bildet 4 Gruppen und führt das Ergebnis als Kanon auf. Wählt einen Dirigenten, der euch die Einsätze gibt.

Aufgabe 12

(→ SB, S. 155, A 3)

Welche weiteren Kombinationen – außer denen in deinem Schülerbuch abgedruckten – lassen sich mit Vierteln, Achteln und Punktierungen im 6/8-Takt bilden? Schreibe sie in die Kästchen.

Aufgabe 13 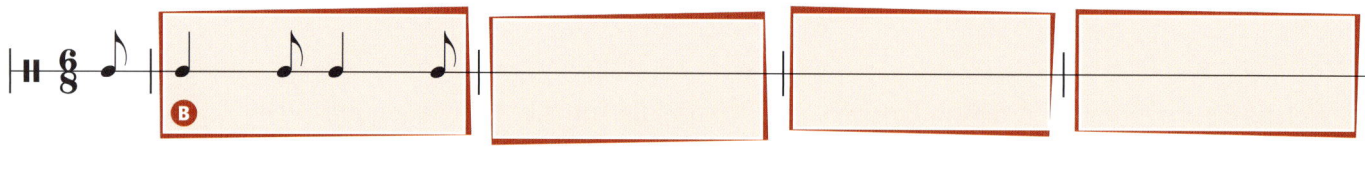 (→ SB, S. 155, A 4b)

Höre das Thema der „Moldau" und erstelle einen achttaktigen Rhythmusablaufplan. Sieh dir dazu die Rhythmusbausteine **A** bis **H** auf S. 155 in deinem Schülerbuch an. Notiere dann den gehörten Rhythmus.

[Tipp] Einzelne Rhythmusbausteine können doppelt vorkommen, andere gar nicht.

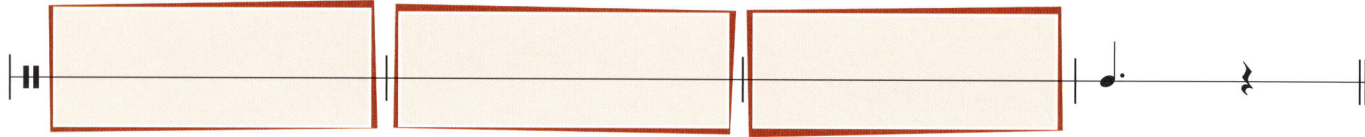

Aufgabe 14

Der 3/4- und der 6/8-Takt haben die gleiche Länge (jeweils sechs Achtel). Doch wo liegt der Unterschied?

a) Sprich unten stehenden Satz. Finde die Betonungen heraus und markiere sie. Sprich den Satz noch einmal
und klatsche die Betonungen mit.

❶ **Hell beleuchtet schon die Sonne alle Wiesen.**

b) Erarbeite nun auf die gleiche Weise die Betonungen des zweiten Satzes.

❷ **Sonne beleuchtet schon hell alle Wiesen.**

c) Klatsche die beiden Rhythmen. Finde heraus, welcher Satz zu welchem Rhythmus passt. Schreibe *1* oder *2*
zu den Noten.

d) Beschreibe, was die beiden Sätze voneinander unterscheidet.

_____

_____

_____

Aufgabe 15

a) Im folgenden Rhythmus fehlt überall dort, wo ein **N** steht, eine Note und überall dort, wo ein **P** steht, eine Pause. Ergänze jeweils zum 6/8-Takt.

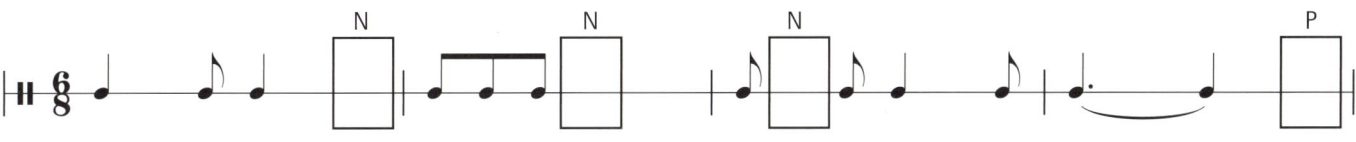

b) Schreibe die Rhythmussilben unter das Notenbeispiel.

c) Singe/sprich das Ergebnis. Erkennst du das Lied, das dahintersteckt?

_____

Grundwissen aktiv

6/8-Takt

Beim 6/8-Takt ist der erste Schlag im Takt der schwerste; er trägt die Hauptbetonung. Der vierte Achtelschlag trägt eine Nebenbetonung. Der Takt ist also zweiteilig.

Schreibe in der folgenden Notenzeile die Zählzeiten über die Noten. Mache jeweils einen roten Kreis um die Zählzeit 1 und einen grünen Kreis um die Zählzeit 4.

[Das habe ich in diesem Kapitel gelernt]	Klar kann ich das!	Das gelingt mir meistens.	Das fällt mir noch schwer.
✚ Programme in Musik wiederzuerkennen			
✚ wie ein Komponist ein Programm mit musikalischen Mitteln umsetzt			
✚ wie Beethoven die Elemente eines Gewitters mit den Instrumenten des Orchesters nachahmt			
✚ eine grafische Ablaufskizze zu Programmmusik zu gestalten			
✚ wie Instrumente eingesetzt werden, um bestimmte Bilder/Stimmungen beim Hörer zu erzeugen			
✚ Signale zu erkennen und ein eigenes Signal zu komponieren			
✚ Rhythmen im 6/8-Takt zu erkennen, aufzuschreiben und zu musizieren			
✚ den Unterschied zwischen 3/4- und 6/8-Takt			

MusiX Schülerarbeitsheft 1 B – © Helbling

Farbe für die Musik

(→ SB, S. 160)

Aufgabe 1

(→ SB, S. 161, A 1a)

Schreibe den Tonvorrat, also alle (verschiedenen) Töne der vier abgedruckten Takte, auf. Notiere vom *d* aufsteigend (Töne und Tonnamen). Ergänze den fehlenden Ton, um eine vollständige Tonleiter zu erhalten.

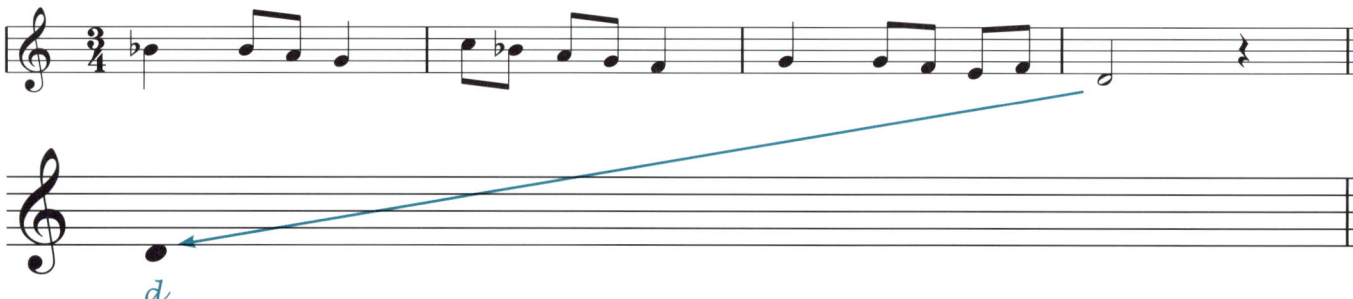

Kleiner Unterschied – große Wirkung

(→ SB, S. 162)

Wiederholung Grundwissen: Stammtöne und C-Dur-Tonleiter

Aufgabe 2

a) Wo liegen die Stammtöne auf den Klaviertasten? Schreibe die entsprechenden Tonnamen auf die jeweiligen Tasten.

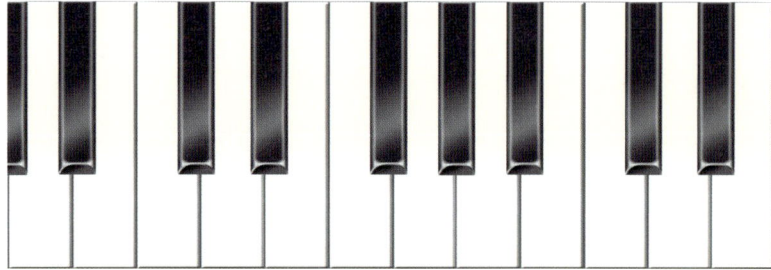

b) Dein Lehrer oder deine Lehrerin spielt 3 Tonleitern vor. Diese beginnen mit verschiedenen Stammtönen (also z. B. von *c, d* und *e* aus). Beschreibe kurz, was dir auffällt. Welche Tonleiter klingt vertrauter als die anderen Tonleitern?

_____

_____

c) Betrachte die Klaviertasten noch einmal ganz genau. Beschreibe, was dir bezogen auf den Abstand (Intervalle) der jeweiligen Stammtöne zueinander auffällt.

_____

_____

> **Achtung:** Auch wenn die Töne scheinbar den gleichen Abstand haben (Linie – Zwischenraum usw.), ist der Abstand der einzelnen Töne der Tonleiter tatsächlich aber unterschiedlich (Ganz- bzw. Halbtonschritte).

d) Notiere die C-Dur-Tonleiter und trage Ganztonschritte (⌴) und Halbtonschritte (⌄) ein.

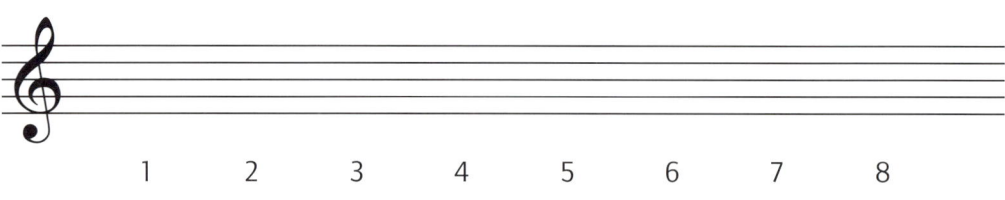

Die D-Dur-Tonleiter

Aufgabe 3

Um die Dur-Tonleiter mit ihren charakteristischen Tonabständen von einem anderen Ton als *c* aus zu spielen, musst du die Tonabstände der Stammtöne durch Versetzungszeichen (siehe S. 163 in deinem Schülerbuch) entsprechend angleichen.

Denke bei Dur-Tonleitern daran: Zwischen 3 und 4, 7 und 8 wird ein Halbtonschritt gemacht.

Notiere die Tonleiter vom Grundton *d* aus (D-Dur). Gehe dazu in folgenden Schritten vor:

❖ **Schritt 1:** Notiere die Stammtöne von *d* aus und spiele sie dann auf dem Klavier (oder Stabspiel).
❖ **Schritt 2:** Überprüfe die Tonschritte der Tonleiter: Trage zunächst die richtige Abfolge von Ganz- und Halbtonschritten ein (Dur-Tonleiter). Weicht ein Tonschritt ab, muss er durch ein Versetzungszeichen verändert werden.
❖ **Schritt 3:** Spiele die Tonleiter mit den veränderten Tönen und kontrolliere mit den Ohren.

Grundwissen aktiv

Versetzungszeichen und Vorzeichen

Stammtöne können durch Versetzungszeichen verändert werden.
Dabei ändert sich der Name der Note:

Bei einem ♯ wird die Silbe „is" angehängt.

Bei einem ♭ wird die Silbe „es" angehängt.

Achtung Ausnahmen!
statt *ees* ➜ **es**
statt *aes* ➜ **as**
statt *hes* ➜ **b**

Ergänze folgende Tabelle:

	Kreuz	Der Stammton wird um einen Halbtonschritt _____ .	*f ⟶ fis*	
♭		Der Stammton wird um einen Halbtonschritt _____ .		
		Vorzeichen oder Versetzungszeichen werden rückgängig gemacht.	*f → fis → f* *h → b → h*	

Formuliere jeweils eine Kurzdefinition (vgl. S. 163 unten in deinem Schülerbuch).

Versetzungszeichen stehen _____ und gelten _____ .

Vorzeichen stehen _____ und an jedem _____

und gelten _____ .

Versetzungszeichen und Vorzeichen

Aufgabe 4

a) Benenne die folgenden Töne:

b) Notiere die folgenden Töne:

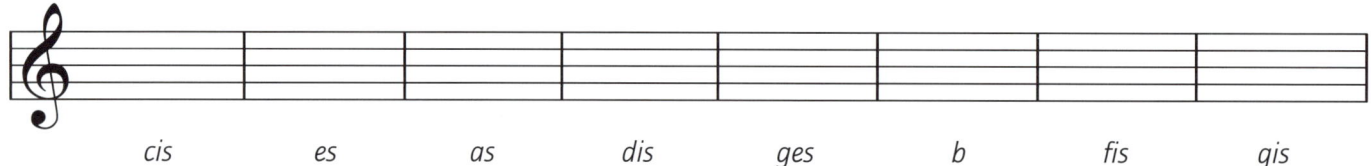

cis   es   as   dis   ges   b   fis   gis

Aufgabe 5

a) Kannst du folgende Nachricht entschlüsseln, die auf dem Schulhof gefunden wurde?

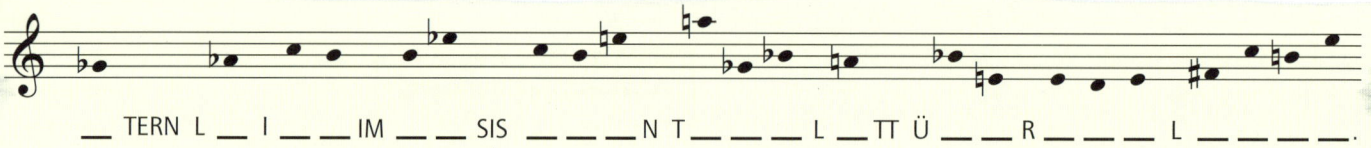

__ TERN L __ I __ IM __ SIS __ __ __ N T __ __ __ L __ TT Ü __ __ R __ __ __ L __ __ __ __ .

b) Führe die Geschichte fort – verwende möglichst viele Notenwörter.

Aufgabe 6

Markiere im Song unten alle Versetzungszeichen mit gelbem Stift und alle Vorzeichen mit rotem Stift.

Tassen-Tango

Text: M. Detterbeck, G. Schmidt-Oberländer;
Musik: G. Schmidt-Oberländer
© Helbling

Früh am Mor-gen, bin noch gar nicht wach, grei-fe ich beim Früh-stück nach der
Mit dem Löf-fel mach ich da-rauf Krach. Wie das klingt, das find ich wirk-lich

1. Tas-se.
2. klas-se. Das ist mein

Tas-sen-Tan-go, wie gut der klingt, mein
Tas-sen-Tan-go, weil dann geht gar nichts

1. Tas-sen-Tan-go, und nichts zer-springt beim
2. mehr, was wirk-lich scha-de wär!

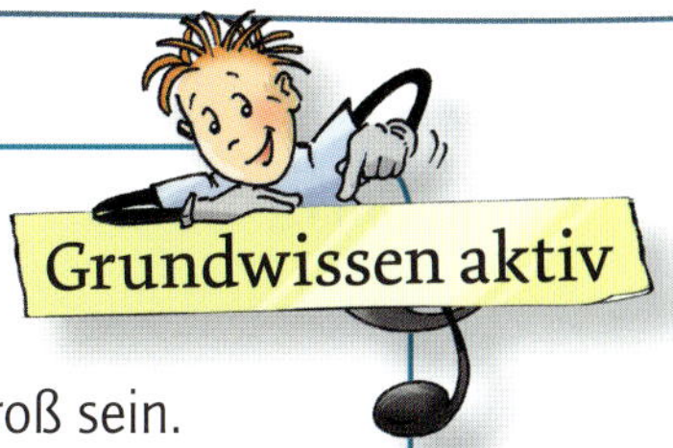

Kleine oder große Terz (Feinbestimmung des Intervalls)

Du hast bereits die verschiedenen Intervalle kennengelernt: Prime, Sekunde, Terz ... Dabei können Intervalle noch feiner unterschieden werden. Eine Terz kann z. B. unterschiedlich groß sein.
Beschrifte: kleine Terz, große Terz, 4 Halbtonschritte, 3 Halbtonschritte.

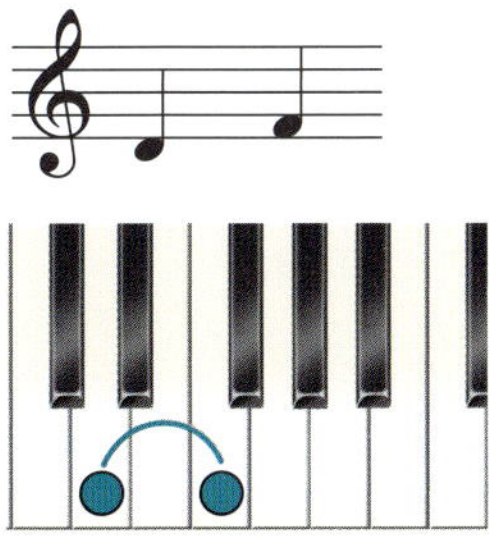

____

____

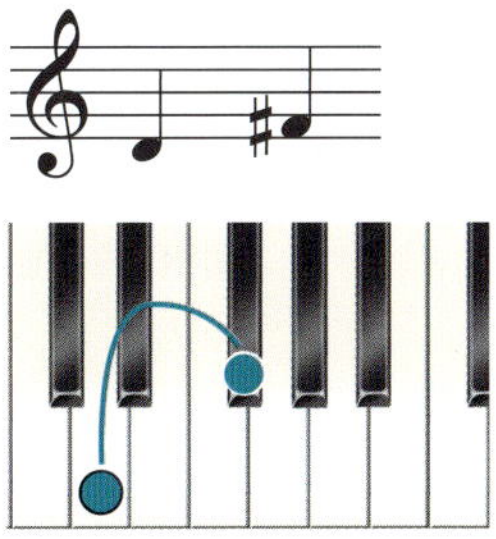

____

____

Dur und Moll

Aufgabe 7

(➜ SB, S. 162, A 1a)

Vergleicht man die Tongeschlechter Dur und Moll, zeigt sich in den ersten fünf Tönen ein kleiner Unterschied mit großer Wirkung.

d-Moll-Tonleiter

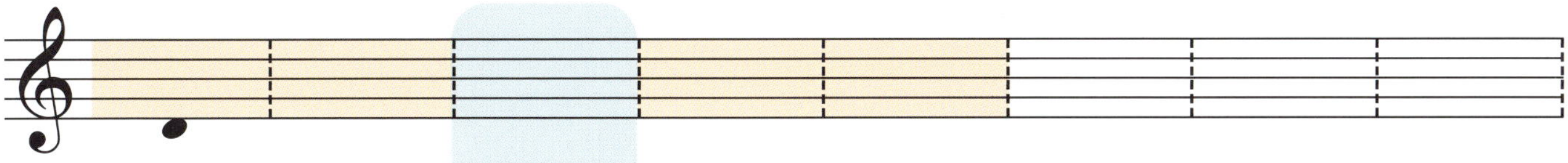

1 2 3 4 5 6 7 8

D-Dur-Tonleiter

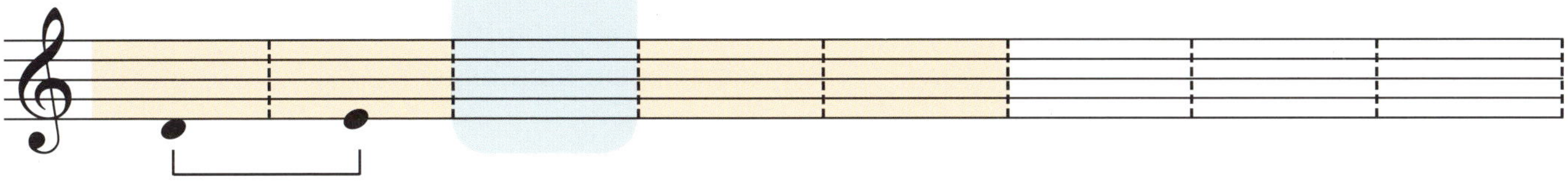

1 2 3 4 5 6 7 8

a) Notiere die D-Dur- und die d-Moll-Tonleiter in den entsprechenden Notenzeilen.
Achtung: Notiere die jeweiligen Töne genau untereinander.

[Tipp] Die d-Moll-Tonleiter hast du bereits oben in Aufgabe 1 erarbeitet.

b) Trage dann in beiden Tonfolgen Ganztonschritte (└───┘) und Halbtonschritte (╲╱) ein.
c) Spiele und singe beide Tonfolgen und markiere die Töne, die sich in beiden Tonfolgen unterscheiden.
d) Betrachte nun die ersten fünf Töne der beiden Tonleitern. Beschreibe den „kleinen Unterschied" zwischen den beiden Tongeschlechtern Dur und Moll näher. Ergänze dazu folgende Sätze:

Die ersten fünf Töne der Tonleitern sind für den ______________________ der Moll- bzw. Dur-Tonleiter besonders wichtig. Nur ein ________________ ist für den klanglichen Unterschied zwischen beiden Tonfolgen verantwortlich: Vom ______________ aus ist dies jeweils der 3. Ton (___________). In der Moll-Tonleiter findet sich eine ________________ , in der Dur-Tonleiter eine _______________ .

Auswahlwörter: einziger Ton – große Terz – Grundton – Klangcharakter – kleine Terz – Terzton

Aufgabe 8

Höraufgabe: Dein Lehrer oder deine Lehrerin spielt dir Fünftonfolgen vor. Entscheide hörend, ob es sich dabei um Dur oder Moll handelt.

1.	2.	3.	4.

Aufgabe 9

(→ SB, S. 162, A 2b)

a) Singe oder spiele zunächst die beiden Lieder. Kreuze dann jeweils das richtige Tongeschlecht an.

Sascha ☐ Dur ☐ Moll

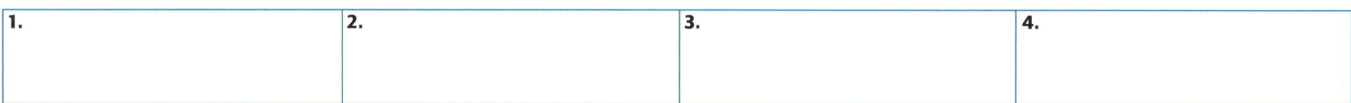

Text u. Musik: überliefert

Sa - scha geiz - te mit den Wor - ten ü - ber - all und al - ler - or - ten,
konn - te hoch im Bo - gen spu - cken, fröh - lich mit den Oh - ren zu - cken.

Bruder Jakob ☐ Dur ☐ Moll

Text u. Musik: überliefert

Bru - der Ja - kob, Bru - der Ja - kob, schläfst du noch, schläfst du noch?

Hörst du nicht die Glo - cken, hörst du nicht die Glo - cken? Bim bam bom, bim bam bom.

b) Verändere nun die Töne des Liedes „Sascha" so, dass es in dem anderen Tongeschlecht erklingt. Kreise dazu farbig jeweils die Noten ein, die sich verändern. Ergänze bei jedem Kreis einen zusätzlichen Pfeil, der die Art der Veränderung anzeigt: ↑ = Halbton höher, ↓ = Halbton tiefer.

c) Verändere nun entsprechend die Takte 1–4 des Liedes „Bruder Jakob".

d) Für Profis: Verändere auch die Takte 5–8 von „Bruder Jakob".

[**Tipp**] In den Takten 5 und 6 müssen mehrere Töne verändert werden.

Grundwissen aktiv

Dur- und Moll-Tonleiter

Beschrifte die Terzen der Tonleiterausschnitte. Welcher Ausschnitt ist in Dur, welcher in Moll?

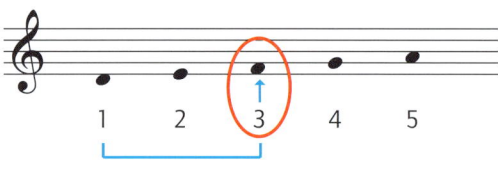

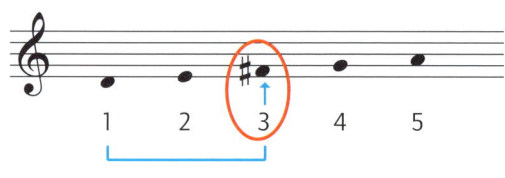

_____ _____

Ergänze:

Die **Moll-Tonleiter** hat ihre charakteristischen _____ an anderer Stelle als die **Dur-Tonleiter:**

Bei der **Dur-Tonleiter** liegen die Halbtonschritte zwischen dem ___ und ___ sowie ___ und ___ Ton.

Bei der **Moll-Tonleiter** liegen die Halbtonschritte zwischen dem ___ und ___ sowie ___ und ___ Ton.

Melodien begleiten: Dreiklänge in Dur und Moll

(➜ SB, S. 166)

Aufgabe 10

a) Dein Lehrer oder deine Lehrerin spielt dir große und kleine Terzen am Klavier vor. Trage entsprechend ein.

1.	2.	3.	4.	5.	6.

b) Bestimme die Terzintervalle mithilfe der Klaviertasten (auf der letzten Seite des Schülerbuchs).

[**Tipp**] Zähle die Anzahl der Halbtonschritte ab:

3 Halbtonschritte ➜ kleine Terz; 4 Halbtonschritte ➜ große Terz.

Töne	d – f						
Anzahl der Halbton-schritte	3						
Intervall	kleine Terz						

Aufgabe 11

Untersuche den abgebildeten Dreiklang und beantworte folgende Fragen:

a) Nenne die Töne des Dreiklangs: _____

b) Untersuche den Abstand zwischen den einzelnen Tönen. Trage den Intervallnamen rechts in die Grafik ein.

c) Beschrifte die Töne des Dreiklangs mit den Bezeichnungen Grundton, Terzton und Quintton (links in der Grafik).

d) Nenne den Grundton des Dreiklangs: ____

e) Welche der folgenden Aussagen zum Dreiklang sind nicht korrekt? Streiche falsche Aussagen durch.

Dreiklangstöne können nacheinander (sukzessiv) oder gleichzeitig (simultan) erklingen.	Der Grundton ist der höchste Ton des Drei-klangs.	Charakteristisch sind die zwei übereinander-liegenden Terzen (Terzenschichtung).	Der Dreiklang klingt spannungsreich (dissonant).

MusiX Schülerarbeitsheft 1 B – © Helbling

Aufgabe 12

Bestimme die Dreiklänge.

a) Notiere für eine **große Terz** mit grüner Farbe **g3** für eine **kleine Terz** mit roter Farbe **k3** in die Kästchen.

b) Bestimme und notiere den Grundton des Dreiklangs und das Tongeschlecht.

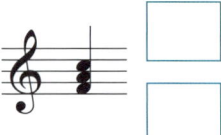 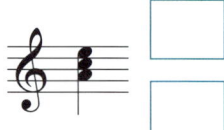 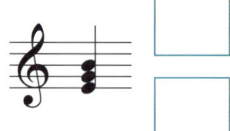 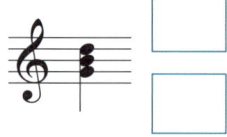

Aufgabe 13

Dein Lehrer oder deine Lehrerin spielt dir 6 Dreiklänge vor. Entscheide hörend, ob es sich um einen Dur- oder Moll-Dreiklang handelt.

[**Tipp**] Höre auf den Charakter des Dreiklangs. Alternativ kannst du hörend oder singend den Grundton herausfinden, dann den Terzton. Ist der Terzton eine große oder kleine Terz?

1.	2.	3.	4.	5.	6.

Aufgabe 14

(→ SB, S. 166, A 3)

a) Schreibe alle Dreiklänge auf, die sich aus den Stammtönen bilden lassen.

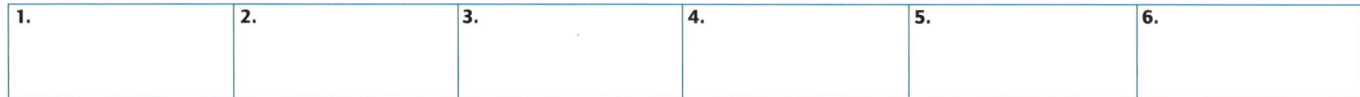

b) Entscheide jeweils, ob es sich um einen Dur- oder Moll-Dreiklang handelt. Sortiere entsprechend.
   Achtung: Einer der Dreiklänge ist weder ein Dur- noch ein Moll-Dreiklang.

Dur-Dreiklänge (Hauptdreiklänge)   **Moll-Dreiklänge (Nebendreiklänge)**

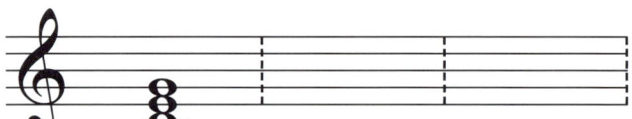   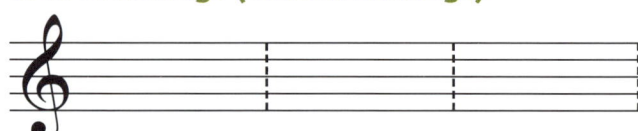

weder Dur- noch Moll-Dreiklang

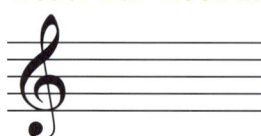

Aufgabe 15

(→ SB, S. 167, A 4a)

a) In manchen Melodien kommen Dreiklangstöne nacheinander vor. Suche solche Stellen in dem irischen Matrosensong „What Shall We Do with the Drunken Sailor" auf S. 167 in deinem Schülerbuch. Schreibe diese Dreiklangstöne auf. Notiere die Noten als Dreiklang übereinander.

b) Bestimme den Grundton und das Tongeschlecht (Dur oder Moll) der Dreiklänge und schreibe die Bezeichnung unter den Dreiklang (z. B. C-Dur).

Aufgabe 16

(→ SB, S. 167, A 4b)

Schreibe ein Begleitarrangement für „What Shall We Do with the Drunken Sailor". Verwende das vorgegebene rhythmische Modell.

[**Tipp**] Die Begleitdreiklänge passen dann gut zur Melodie, wenn es (möglichst viele) gemeinsame Töne zwischen Melodie und Dreiklang gibt.

Mein Begleitarrangement zu „What Shall We Do with the Drunken Sailor?"

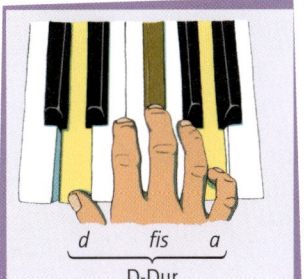

Dur- und Moll-Dreiklänge

Bilde jeweils aus dem 1., 3. und 5. Ton der beiden Tonfolgen einen Dreiklang und notiere die Töne übereinander in den leeren Takt. Bestimme dann jeweils beide Terzen des Dreiklangs und kreuze die richtige Grafik an.

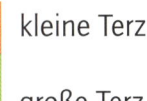 kleine Terz / große Terz

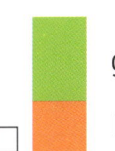 große Terz / kleine Terz

kleine Terz / große Terz

große Terz / kleine Terz

Ergänze:

Ein **Dur-Dreiklang** hat unten eine _____ Terz

und oben eine _____ Terz.

Ein **Moll-Dreiklang** hat unten eine _____ Terz

und oben eine _____ Terz.

Musiklabor: Versetzungszeichen, Dur und Moll

(→ SB, S. 170)

Aufgabe 17

(→ SB, S. 170, A 1)

a) In München findet eine geheime Musikkonferenz statt. Die Autos der Teilnehmer haben Noten-Nummernschilder. Aus welchen deutschen Städten stammen die Teilnehmer?

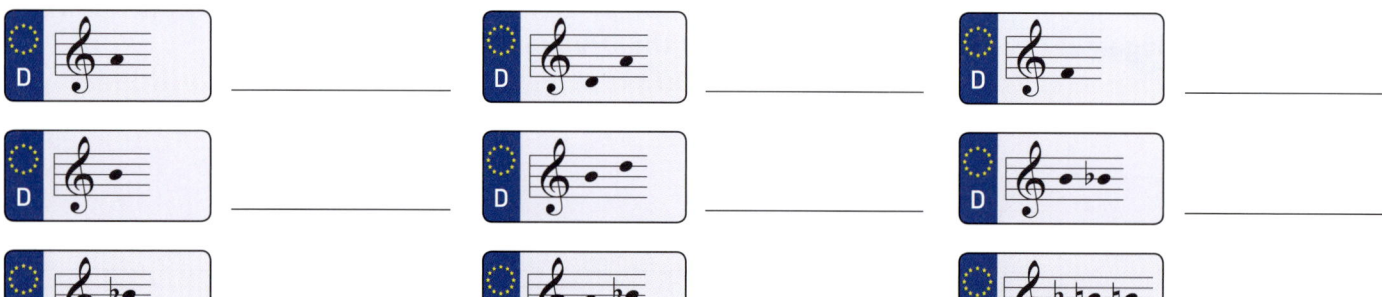

b) Welcher Teilnehmer hat die längste Anreise nach München?

[**Tipp**] Im Internet kannst du die Entfernungen überprüfen.

c) Finde drei weitere Autokennzeichen und notiere sie als Noten-Nummernschilder. Weiß dein Banknachbar, aus welchen Städten deine drei Teilnehmer angereist sind?

Aufgabe 18

(→ SB, S. 170, A 2)

a) Entschlüssle die Geheimbotschaft auf S. 170 in deinem Schülerbuch. Trage die Lösungswörter im Lückentext ein.

_____ in den Zoo. Begib dich zum Aquarium der _____ . Im Becken des _____ findest du einen Schlüssel. _____ du hineingreifst, denke daran, dich vor den Zähnen des _____ zu hüten. Der Schlüssel passt zur Tür vom _____ , auf dem _____ steht. _____ keine Angst, der _____ ist harmlos. Unter dem _____ gibt es ein kleines _____ . Wenn der _____ von dir eine Banane bekommt, holt er dir den Code aus dem _____ unter dem _____ . Gehe nun ins Musik-_____ _____ , frage nach dem _____ , _____ . Ihm musst du zunächst eine kleine _____ zahlen, dann sage ihm den Code.

b) Wie heißt der Code, der im Zoo versteckt war?

Code: _____   Sprache: _____

c) Partnerarbeit: Erfinde selbst ein Codewort für deinen Banknachbarn. Kann er den Code entschlüsseln?

Mein Codewort: Codewort meines Banknachbarn:

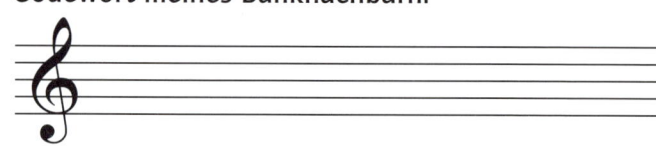

Aufgabe 19

(→ SB, S. 171, A 5)

Bestimme die Dreiklänge, indem du die Arbeitsgänge der Dur-Moll-Bestimmungsmaschine von S. 171 in deinem Schülerbuch nacheinander durchführst.

Eingabe	Messen Schritt 1: Töne eintragen Schritt 2: Halbtonschritte abzählen	Auswerten Terzen bestimmen	Etikettieren Grundton und Tongeschlecht benennen
?	c d e f g a h c	☐ ☐	————
?	c d e f g a h c	☐ ☐	————
?	c d e f g a h c	☐ ☐	————
?	c d e f g a h c	☐ ☐	————

[Das habe ich in diesem Kapitel gelernt]

	Klar kann ich das!	Das gelingt mir meistens.	Das fällt mir noch schwer.
✚ den Aufbau von Dur- und Moll-Tonleitern			
✚ die Versetzungszeichen zur Veränderung von Stammtönen zu verwenden			
✚ Noten mit Versetzungszeichen zu erkennen und zu notieren			
✚ inwiefern sich Vorzeichen und Versetzungszeichen voneinander unterscheiden			
✚ den Unterschied zwischen Melodien in Dur und Moll zu hören			
✚ große und kleine Terzen zu unterscheiden (Feinbestimmung von Terzintervallen)			
✚ Dur- und Moll-Dreiklänge hörend und analysierend zu unterscheiden			
✚ wie man ein Begleitarrangement mit Dur- und Moll-Dreiklängen erstellt			

27

Ordnung muss sein: Sitzordnung im Orchester

(→ SB, S. 176)

Aufgabe 1

(→ SB, S. 176, A 2)

a) Finde alle im Silbenrätsel versteckten Orchesterinstrumente und ordne sie den Instrumentengruppen richtig zu. Die Bilder auf S. 176/177 in deinem Schülerbuch helfen dir.

Silben:

1. – 2. – BA – BÄS – BE – BO – BRAT – CEL – CKEN – EN – FA – FLÖ – GOT – ~~GROS~~ – HÖR – KEN –
KLA – KON – LI (3 x) – ~~MEL~~ – NEN (3 x) – NER – NET – O – PAU – PE – PO – QUER – RI – SAU –
SCHEN – ~~SE~~ – SE – TAM (2 x) – TE – TEN (3 x) – TRA – ~~TROM~~ – TROM – TU – VIO (2 x)

Streichinstrumente	Holzblasinstrumente	Blechblasinstrumente	Schlaginstrumente
			GROSSE TROMMEL

b) Betrachte die Grafik auf S. 177 in deinem Schülerbuch. Welches Instrument „fehlt" im Silbenrätsel oben? Warum?

_____

_____

Aufgabe 2

(→ SB, S. 176, A 3)

a) Betrachte das Bild des Bundesjugendorchesters (→ SB S. 176/177). Zähle und notiere die Anzahl der Spieler der einzelnen Instrumentengruppen.

Streichinstrumente	Holzblasinstrumente	Blechblasinstrumente	Schlaginstrumente

b) Nenne Gründe für das zahlenmäßige Ungleichgewicht.

_____

_____

_____

Aufgabe 3 (F 1–6)

(→ SB, S. 177, A 5)

In Benjamin Brittens Stück „Young Person's Guide to the Orchestra" wird das Hauptthema zunächst vom ganzen Orchester (= Tutti) gespielt. In welcher Reihenfolge sind die Instrumentengruppen des Orchesters danach zu hören?

1. *Tutti* _____   3. _____   5. _____

2. _____   4. _____   6. _____

Orchesterbesetzung

Die Instrumente sind im Orchester so angeordnet, dass sie klanglich voll zur Geltung kommen.
Ordne die Satzteile richtig zu.

| Die Streichinstrumente … | … sitzen als Gruppe vorne und dem Dirigenten am nächsten. | … bestimmen wesentlich die Klangfarbe und sitzen deshalb zentral hinter den Streichern. |

| Die Holzblasinstrumente … |

| Blechblasinstrumente und Schlagwerk … | … sitzen als „laute" Instrumente weiter hinten. | … bilden den Kern des Sinfonieorchesters. |

Aufgabe 4 7–10

(→ SB, S. 177, A 6)

Benenne die Instrumente bzw. Instrumentengruppen, die in den Hörbeispielen erklingen.

| **1** | **2** | **3** | **4** |

Die Trompete: Instrument der Könige

(→ SB, S. 178)

Aufgabe 5

(→ SB, S. 179, A 4)

Sieh dir den Filmausschnitt zu Tonerzeugung, Mundstück und Funktionsweise der Ventile an. Ergänze dann folgenden Lückentext.

Das wichtigste Teil eines Blechblasinstrumentes ist das _____ . Die Atemluft

strömt durch die gespannten Lippen, die dadurch in Vibration geraten – viele hundertmal pro Sekunde: bei

hohen Tönen _____ , bei tiefen Tönen _____ . Das Mundstück überträgt die Luftimpulse

auf das Instrument. Die Tonhöhe wird durch die _____ bestimmt. Bevor die _____ erfunden

wurden, konnte ein Trompeter nur ganz bestimmte Töne (_____) spielen. Um verschiedene Töne

zu spielen, muss die _____ des klingenden Rohres verändert werden. Durch das Drücken eines Ventils

werden _____ hinzugeschaltet: Der Ton wird dabei _____ . Drückt der Spieler beispiels-

weise das 2. Ventil, so wird der Ton um einen _____ tiefer. Die beiden anderen Ventile lassen den

Ton um einen Ganzton (1. Ventil) bzw. um _____ Halbtöne (3. Ventil) tiefer erklingen. Insgesamt kann

man durch Kombination aller Ventile den gespielten Ton also um _____ Halbtöne tiefer spielen.

Auswahlwörter:
drei – Halbton – Länge – langsamer – Naturtöne – Rohrlänge – schnell – sechs – tiefer –
Kesselmundstück – Ventile – Zusatzbögen

29

Aufgabe 6

(→ SB, S. 179, A 5b)

a) Lies die Informationstexte im Schülerbuch auf S. 178/179. Beschrifte dann die Blechblasinstrumente, die im Orchester mitspielen und nenne Besonderheiten des jeweiligen Instruments.

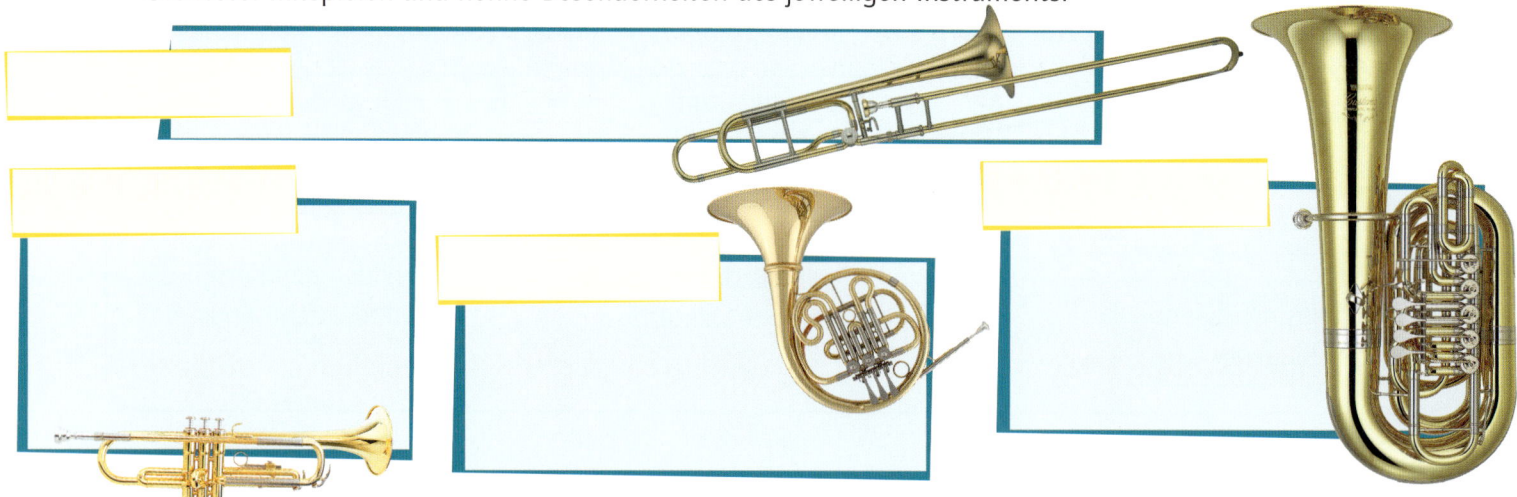

b) Im Hörquiz erklingen verschiedene Blechblasinstrumente. Notiere die Reihenfolge.
19, 20

Hörquiz 1				
Hörquiz 2				

Eine Familie stellt sich vor: die Holzblasinstrumente

(→ SB, S. 180)

Aufgabe 7

(→ SB, S. 180, A 1)

Sieh dir den Film über die Tonerzeugung bei Holzblasinstrumenten an. Erläutere kurz, was bei den drei verschiedenen Möglichkeiten der Tonerzeugung genau passiert und ordne die Instrumente auf S. 180/181 in deinem Schülerbuch jeweils zu.

Tonerzeugung	Was passiert dabei genau?	Instrumente, die so gespielt werden
Labium (Anblaskante)		
einfaches Rohrblatt		
Doppelrohrblatt		

Aufgabe 8
26–29

(→ SB, S. 180, A 2)

Du hörst verschiedene Musikausschnitte, in denen Rohrblattinstrumente mit anderen Instrumenten gemeinsam spielen. Benenne die Instrumente.

Hörbeispiel 1	Hörbeispiel 2	Hörbeispiel 3	Hörbeispiel 4

Die Klarinette: ein Instrument wie die menschliche Stimme   (→ SB, S. 181)

Aufgabe 9 🎬   (→ SB, S. 181, A 1)

Sieh dir den Film „Besuch beim Klarinettenbauer" an und vervollständige den Lückentext. Die Lösungsbuchstaben ergeben den Namen eines berühmten Klarinettisten, für den Mozart viele Werke geschrieben hat.

Die Klarinette wird aus ☐☐☐☐☐☐[4]☐☐☐ -Holz hergestellt. Damit die Tonlöcher genau an

der richtigen Stelle gebohrt werden, wird mit einer ☐☐☐☐☐[3]☐☐☐☐ aus Metall gearbeitet.

Die Mechanik wird von kleinen Metallstiften, sogenannten ☐[1]☐☐☐☐☐☐ gehalten.

Um die Teile der Klarinette luftdicht miteinander zu verbinden, werden die Verbindungszapfen mit

☐☐☐[7] belegt. Die Teile der Ringklappen-Mechanik werden zusammenge ☐☐[2]☐☐ . Damit

die Klappen gut decken, bekommen sie ☐☐☐[5]☐☐☐ aus Leder.

Nach etwa ☐☐☐☐☐ ☐☐☐☐[6] Arbeitszeit ist das Instrument fertiggestellt.

Der Klarinettist und Freund Mozarts hieß: Anton ☐[1]☐[2]☐[3]☐[4]☐[5]☐[6]☐[7]

Die Band   (→ SB, S. 182)

Aufgabe 10   (→ SB, S. 183, A 1)

Eine Band ist ein Zusammenschluss von Musikern, die unterschiedliche Instrumente spielen. Ähnlich einer Fußballmannschaft übernehmen sie verschiedene Aufgaben. Notiere stichpunktartig die wichtigsten Aufgaben.

E-Bass:

Sologesang:

Schlagzeug:

Keyboard:

E-Gitarre:

Saxofon:

Aufgabe 11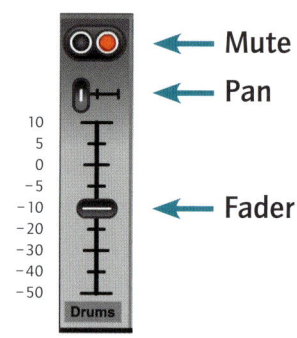

(→ SB, S. 183, A 2)

Mute
Pan
Fader

Der Tontechniker am Mischpult erfüllt eine ebenso wichtige Aufgabe wie die Musiker auf der Bühne. Er ist für den Gesamtsound zuständig und fügt die Darbietungen der einzelnen Musiker im richtigen Verhältnis zusammen.

a) Beschäftige dich zunächst mit dem Aufbau des virtuellen Mischpults in der „MusiX"-Programmierung zur Band. Welche Funktionen steuern die Regler der einzelnen Kanäle?

Mute	Pan	Fader

b) Stelle zunächst die im Mischerprotokoll angegebenen Abmischungen im Mischpult des Computerprogramms ein. Beschreibe dann die klangliche Wirkung.

[**Tipp**] Verwende Adjektive wie kraftvoll, strahlend, basslastig, ausgewogen, aggressiv, wenig durchsichtig, zu laut / leise, falsch platziert.

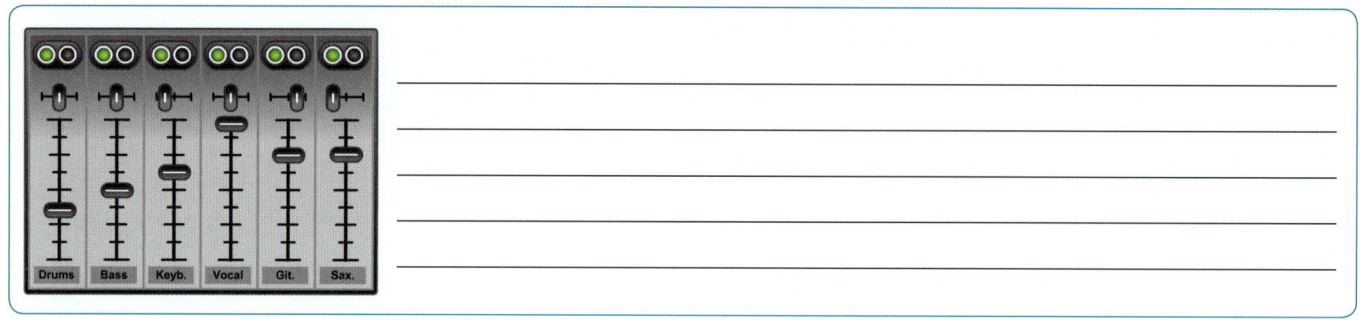

[Das habe ich in diesem Kapitel gelernt]

	Klar kann ich das!	Das gelingt mir meistens.	Das fällt mir noch schwer.
✚ Orchesterinstrumente zu benennen und ihrer Instrumentengruppe zuzuordnen			
✚ verschiedene Instrumentengruppen des Orchesters hörend zu erkennen			
✚ wie bei der Trompete Töne erzeugt und verändert werden			
✚ wie Töne auf unterschiedlichen Holzblasinstrumenten erzeugt werden			
✚ wie eine Klarinette gebaut ist			
✚ Instrumente der Band und deren Aufgaben			
✚ wie man die verschiedenen Instrumente einer Band am Mischpult klanglich zusammenfügt			

32

Der Kanon: eine kunstvolle Anweisung

(→ SB, S. 186)

Aufgabe 1

(→ SB, S. 186, A 2)

a) Fasse die Zeilen 1–3 von „Was ist ein Kanon?" in einer einzigen Notenzeile zusammen.

Was ist ein Kanon?

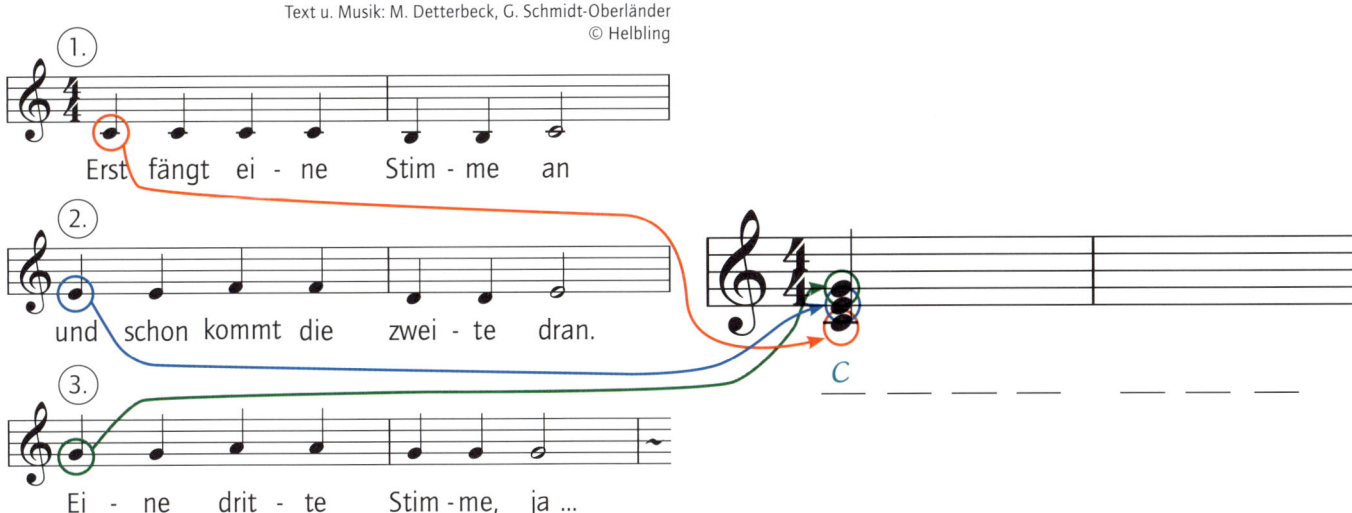

Text u. Musik: M. Detterbeck, G. Schmidt-Oberländer
© Helbling

b) Spiele die Dreiklänge langsam auf dem Klavier. Beschreibe das Ergebnis.

c) **Für Profis:** Bringe die Dreiklänge in Terzschichtung und benenne sie dann (Grundton, Tongeschlecht).

[**Tipp**] Sieh noch mal in Kapitel 13 (S. 166 in deinem Schülerbuch) nach, wie man Dreiklänge bestimmt.

Aufgabe 2   *Unser kleines Projekt*

(→ SB, S. 186, A 3)

Gehe jetzt den umgekehrten Weg und komponiere aus der unten vorgegebenen Dreiklangsfolge eine Kanonmelodie.

a) Schreibe zunächst (mit Bleistift) nur die **obersten** Töne der Dreiklänge hintereinander in eine leere Zeile; in die nächste Zeile kommen die **mittleren** Töne, in die dritte Zeile die **untersten**.

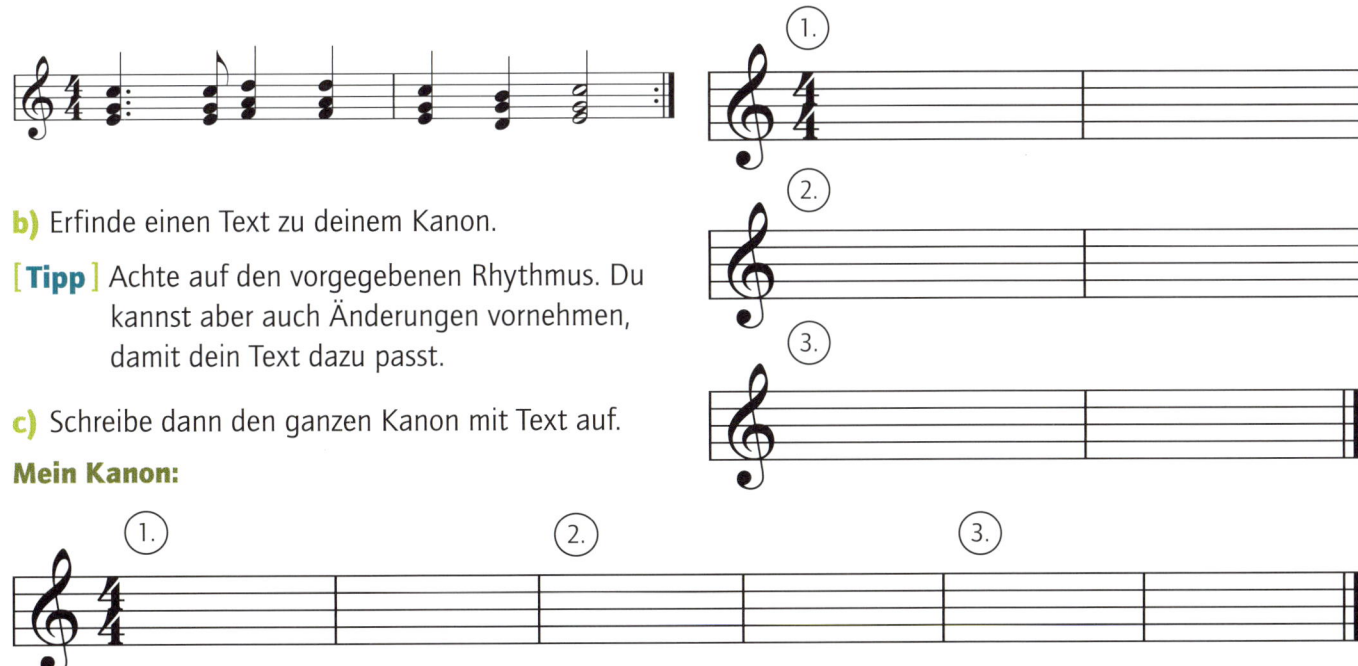

b) Erfinde einen Text zu deinem Kanon.

[**Tipp**] Achte auf den vorgegebenen Rhythmus. Du kannst aber auch Änderungen vornehmen, damit dein Text dazu passt.

c) Schreibe dann den ganzen Kanon mit Text auf.

Mein Kanon:

d) **Gruppenarbeit:** Singt oder spielt nun eure Melodien. Führt sie dann im Abstand von zwei Takten als Kanon aus.

Die Invention: eine musikalische Tüftelei

(→ SB, S. 188)

Aufgabe 3

a) Notiere das Hauptmotiv so, dass es an der blauen Linie gespiegelt wird. Beschrifte das auf diese Weise veränderte Motiv.

> [**Tipp**] Kleine Hilfestellung: Stelle einen Taschenspiegel auf die farbigen Spiegellinien.

b) Spiegle das Hauptmotiv nun an der grünen Linie. Die Noten laufen sozusagen wieder rückwärts. Trage in das Kästchen den Fachbegriff für diese Veränderung ein.

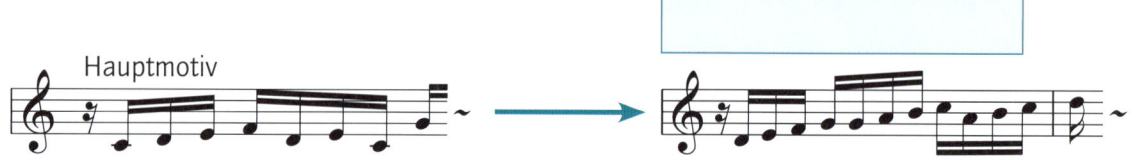

c) Im folgenden Beispiel wird nur ein Teil des Motivs – quasi ein neues kleines Motiv – verwendet. Markiere, welche Noten aus dem Hauptmotiv stammen und benenne die Art der Veränderung.

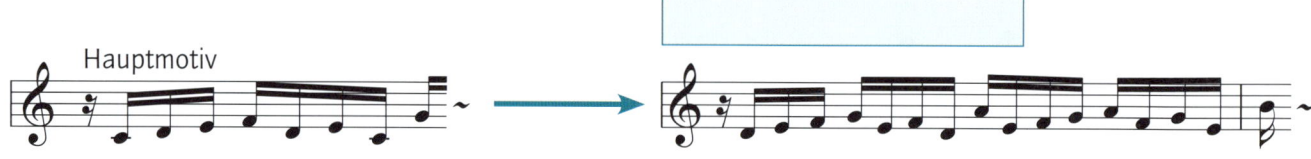

d) Das Hauptmotiv kann von einem höheren oder tieferen Ausgangston aus wiederholt werden. Markiere in der Veränderung das Motiv und notiere wieder den Fachbegriff. Wie oft wird das Hauptmotiv wiederholt?

Aufgabe 4

(→ SB, S. 189, A 4)

a) Finde und markiere in den folgenden Notenbeispielen das Hauptmotiv bzw. dessen Veränderungen farbig.
b) Notiere, was sich in den Notenausschnitten gegenüber dem Hauptmotiv jeweils verändert hat.

Aufgabe 5

Dein Lehrer oder deine Lehrerin spielt dir das Hauptmotiv und jeweils eine der Veränderungen am Klavier vor. Finde heraus, um welche Veränderung es sich jeweils handelt.

 1 _____   **2** _____   **3** _____   **4** _____

Aufgabe 6

(→ SB, S. 189, A 6)

In Johann Sebastian Bachs Familiensiegel verstecken sich Buchstaben seines Vor- und Nachnamens.

a) Finde sie und ziehe sie farbig nach.

b) Welche „Kompositionstechniken" hat er bei der Konstruktion des Familienwappens angewendet?

_____

_____

Johann Sebastian Bach: der „Tüftelkünstler"

(→ SB, S. 190)

Aufgabe 7

(→ SB, S. 190, A 1a)

Ergänze auf der Grundlage der „Tagebucheinträge" im Schülerbuch auf S. 190 und eigener Internetrecherchen den Wochenplan, wie Bach ihn sich gemacht haben könnte.

[**Tipp**] Im Internet findest du weitere Informationen unter www.bach.de und www.bach-leipzig.de.

Zeit	Montag	Dienstag	Mittwoch	Donnerstag	Freitag	Samstag	Sonntag
8–10			Katechismusunterricht, Klavierstunden			Freizeit: Treffen mit Erdmann	
12–14	Lateinunterricht, Musiktheorie	Kantate schreiben		Termin beim Magistrat wegen Universität	Hochzeit in St. Nikolai		
16–18							
18–20				Chorprobe			Familie

Aufgabe 8

(➜ SB, S. 190, A 1b)

Bach wollte sich aus Leipzig weg bewerben. Schreibe einen Brief, den Bach an einen Freund verfasst haben könnte, in dem er die Gründe für den Wechsel der Arbeitsstelle erklärt.

Lieber Freund,   *28. October 1730*

hier in Leipzig wird mir die Arbeit immer schwerer.

Aufgabe 9

(➜ SB, S. 191, A 3)

Das Leben von Johann Sebastian Bach fand in einem relativ kleinen Gebiet in Mitteldeutschland statt, während Wolfgang Amadeus Mozart bereits in jungen Jahren in ganz Europa unterwegs war.

a) Finde im Lebenslauf beider Komponisten Gründe für dieses sehr unterschiedliche künstlerische Wirken.

[Tipp] Schlage noch einmal im Schülerbuch in Kapitel 4 nach, was du über Mozart gelernt hast.

b) Welche Vorteile bot das jeweilige Leben für Bach bzw. Mozart?

Haydn: eine Sinfonie mit Paukenschlag

(→ SB, S. 192)

Aufgabe 10   44, 45

(→ SB, S. 193, A 2)

Du hörst das Paukenschlag-Thema von Joseph Haydn sowie die erste und zweite Variation. Untersuche, was sich in den Variationen gegenüber dem Thema jeweils verändert hat. Notiere deine Ergebnisse in Stichworten.

Thema

Variation 1

_____

_____

Variation 2

_____

_____

Variation

Trage die variierten musikalischen Parameter rechts ein und markiere die jeweiligen Veränderungen farbig im Notenbeispiel.

Thema

 _____

 _____

 _____

 _____

Grundwissen aktiv

[Das habe ich in diesem Kapitel gelernt]	Klar kann ich das!	Das gelingt mir meistens.	Das fällt mir noch schwer.
✚ wie man einen kleinen Kanon aus einer Akkordfolge ableitet			
✚ ein Motiv und seine Veränderungen zu erkennen (Umkehrung, Krebs, Abspaltung, Sequenzierung)			
✚ über Johann Sebastian Bachs Leben zu berichten und zu schreiben			
✚ verschiedene Variationsprinzipien zu benennen			

MusiX Schülerarbeitsheft 1 B – © Helbling

Der Bass-Schlüssel   (→ SB, S. 198)

Aufgabe 1

a) Wie heißen die drei abgebildeten Bassinstrumente?

b) Welche anderen Instrumente, die im Bass-Schlüssel notiert werden, kennst du?

_____

_____   _____ _____ _____

Aufgabe 2

Der Bass-Schlüssel ist ein Spezialschlüssel für tiefe Töne.

a) Übe mehrmals, den Bass-Schlüssel sauber zu schreiben.

[Tipp] Denke daran: Der Schlüssel hat seinen Ausgangspunkt auf der 4. Notenlinie; hier setzt du den Stift an. Die beiden Punkte umschließen die 4. Linie. Auf dieser Linie liegt dann der Ton f.

b) Der Bass-Schlüssel hat einen weiteren Namen. Erläutere diesen kurz.

_____

_____

Grundwissen aktiv

Der Bass-Schlüssel

Fülle den Lückentext mithilfe der Auswahlwörter aus.

Damit man _____ Töne leichter lesen kann, werden sie im _____ -Schlüssel notiert.

Er heißt auch _____ , denn seine beiden _____ umschließen die Linie,

auf der der Ton f steht. Das c' steht im Bass-Schlüssel auf der ersten Hilfslinie _____ dem

Notensystem, im Violinschlüssel auf der ersten Hilfslinie _____ dem Notensystem.

> **Auswahlwörter:** Bass – F-Schlüssel – Punkte – tiefe – über – unter

Merkhilfe für Basstöne

Schreibe einen Bass-Schlüssel. Trage folgende Töne in die Notenzeile ein: G, H, d, f, a.

[Tipp] Präge dir diese Töne gut ein (z. B. mit dem Merksatz „**G**ustav **h**at **d**en **F**rack **a**n").
Von diesen Rahmentönen aus kannst du die anderen Töne schnell erschließen.

Ordnung des Tonraums: Oktavlagen

Trage die vorgegebenen Noten von oben nach unten geordnet in die leeren
Notenzeilen ein. Benenne die unterschiedlichen Oktavräume in den farbigen Kästchen
rechts daneben.

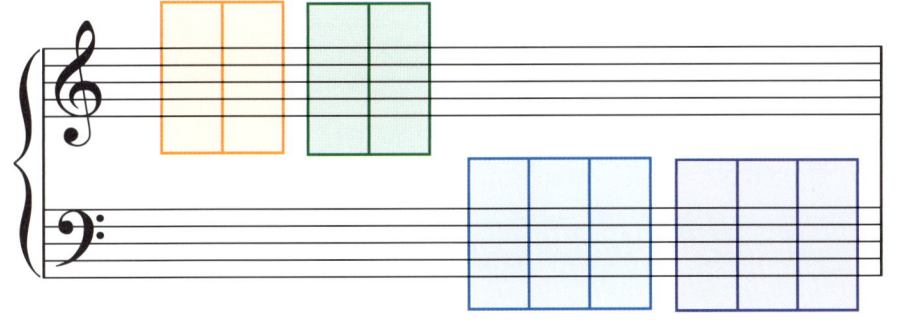

Schreibe die Tonnamen unter die Töne. Achte dabei auf die genaue Angabe der Oktavlage
(Groß- und Kleinschreibung und die hochgestellten Striche).

Musiklabor: tiefe Töne

(→ SB, S. 199)

Aufgabe 3

(→ SB, S. 199, A 1a)

a) Entschlüssle folgenden MusiX-Tweet einer Freundin.

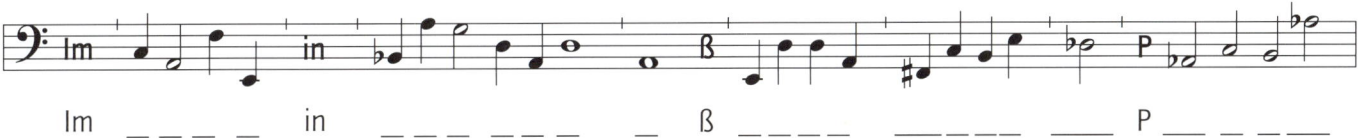

Im _ _ _ _ in _ _ _ _ _ _ ß _ _ _ _ _ _ _ _ _ P _ _ _

b) In welchem Land macht sie wohl gerade Urlaub? _____

Aufgabe 4

(→ SB, S. 199, A 1b)

Schreibe die Wörter mit Noten im Bass-Schlüssel auf. Beachte die Oktavräume.

Fehde 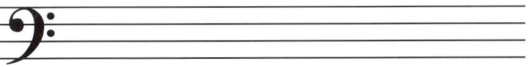   begehe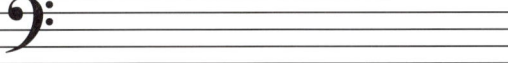

geschah 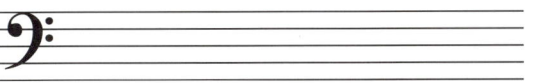   Fisch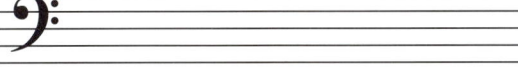

Hades   Hase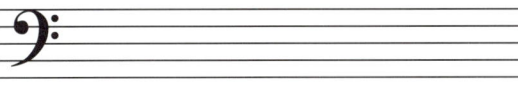

MusiX Schülerarbeitsheft 1 B – © Helbling

Aufgabe 5

(→ SB, S. 199, A 1c)

Partnerarbeit: Erstelle einen eigenen MusiX-Tweet mit Wörtern, die sich in Notenschrift notieren lassen. Lass ihn von deinem Banknachbarn entschlüsseln.

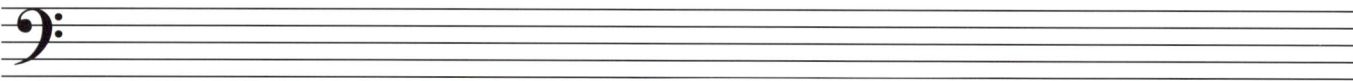

Aufgabe 6

(→ SB, S. 199, A 3b)

Wähle eine der Bassfiguren auf S. 199 im Schülerbuch aus und notiere sie eine Oktave höher im Violinschlüssel.

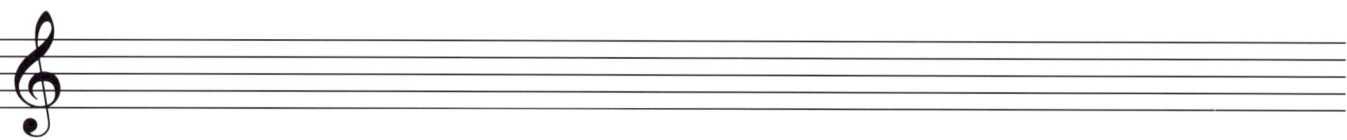

Aufgabe 7

a) Bestimme die Töne. Achte auf die richtige Lage!

b) Notiere folgende Töne:

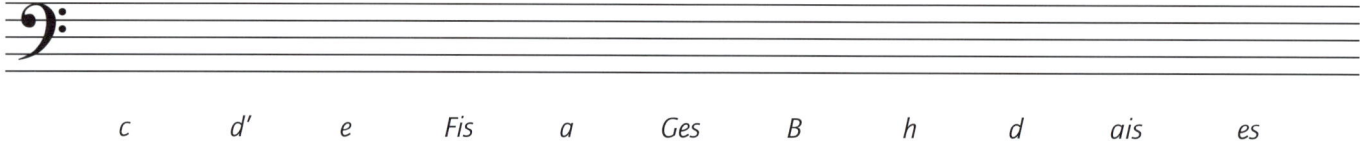

c   d'   e   Fis   a   Ges   B   h   d   ais   es

c) Achtung Fehlerteufel! Streiche die falschen Noten durch und notiere die richtigen Töne daneben.

c   h   Gis   es   a   H   Ais

Aufgabe 8

Noten-Sudoku

Fülle die leeren Kästchen mit den unten vorgegebenen Noten aus. In jeder Reihe und in jeder Spalte des großen Quadrates sowie innerhalb der Vierergruppen darf jede Note nur einmal auftauchen.

Verwende diese Noten und notiere zunächst deren Namen.

Aufgabe 9

In Kapitel 15 hast du dich intensiv mit dem Tüftelkünstler Bach auseinandergesetzt.

a) Ergänze im folgenden Ausschnitt seiner Invention in F-Dur die Notenzeile für die linke Hand. Fülle dazu die Lücken im Notentext aus, indem du das Motiv im Violinschlüssel ab Takt 2 in den Bass-Schlüssel überträgst.

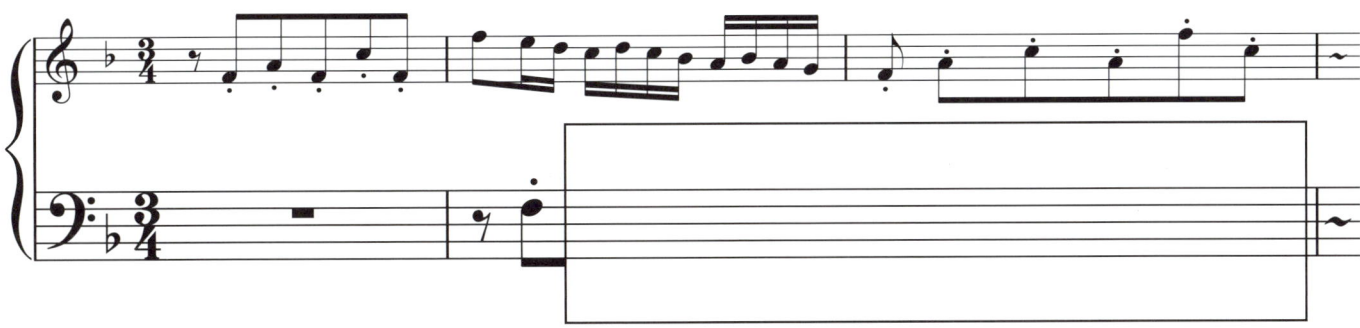

b) Partnerarbeit: Suche dir einen Partner und spiele mit ihm die abgedruckten Takte der Invention auf dem Klavier. Einer übernimmt die obere Zeile, einer die untere. Wechselt anschließend.

Aufgabe 10

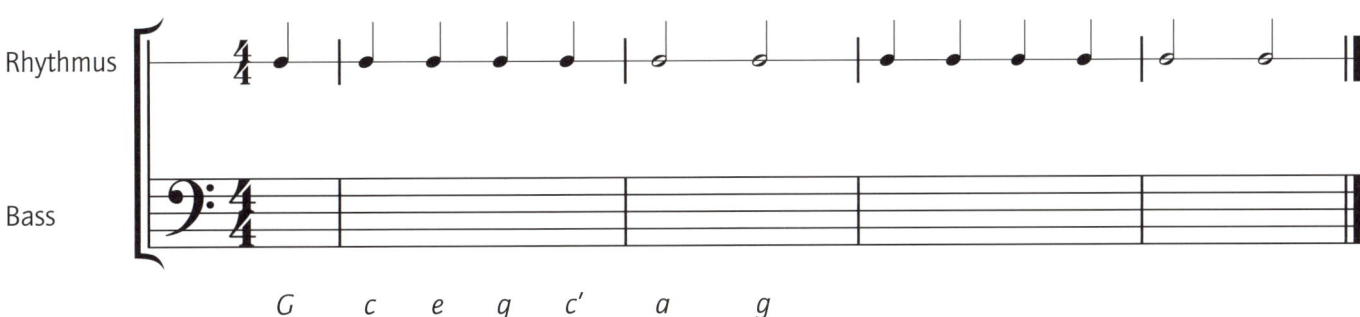

a) Ergänze die vorgegebenen Töne. Achte auf den Rhythmus!
b) Erfinde eine eigene Fortführung der Melodie und notiere sie.

[**Tipp**] Auf S. 116 deines Schülerbuchs hast du schon Melodiefortführungen selbst erfunden. Schlage dort nochmals nach, wie man eine Melodie zu einem gut klingenden Abschluss bringt.

c) Partnerarbeit: Tausche dein Ergebnis mit einem Partner aus. Spielt eure Melodien auf einem Instrument.

Ein Jahrhundert-Hit: der Pachelbel-Kanon

(→ SB, S. 200)

Aufgabe 11 F 54

a) Schreibe die Notennamen unter die im Bass-Schlüssel notierte Tonleiter.
b) Ziehe mit einem Farbstift die graue Linie nach. Sie folgt der ostinaten Basslinie des Pachelbel-Kanons.
c) Höre dir den Beginn des Kanons an und fahre mit dem Finger die Linie im Tempo nach. Sprich dabei leise die Tonnamen vor dich hin.

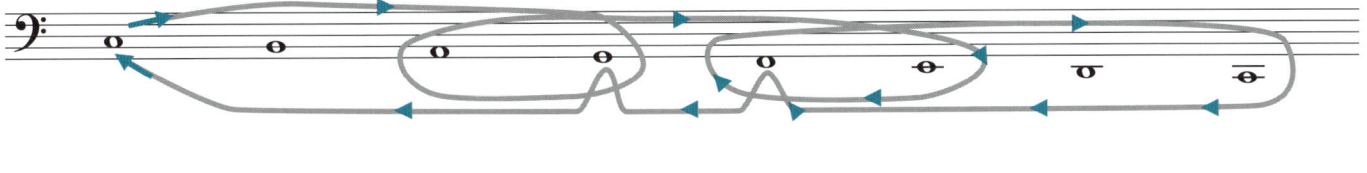

Aufgabe 12

(→ SB, S. 200, A 2)

Untersuche, wie Pachelbel die Melodie seines Kanons in den verschiedenen Abschnitten verändert. Schreibe dazu die Nummern der Kommentarboxen an die richtige Stelle im Notenbeispiel.

1 Die Melodie verläuft rhythmisch in ruhigen halben Noten.

3 absteigende Melodielinie mit Sekundschritten (Tonleiter)

5 hohe Lage

6 tiefe Lage

8 rhythmische Verdichtung: zunächst halbe Noten, dann Viertelnoten (später Achtelnoten)

2 Nach 4 Takten wiederholt sich die Melodie eine Terz tiefer.

4 melodische Gestaltung mit Dreiklangsbrechungen

7 Die Haupttöne der Melodie (Abschnitt 1) werden mit Achtelnoten umspielt.

9 Tonwiederholungen jeweils an den Taktanfängen (punktierte Viertel, Achtel)

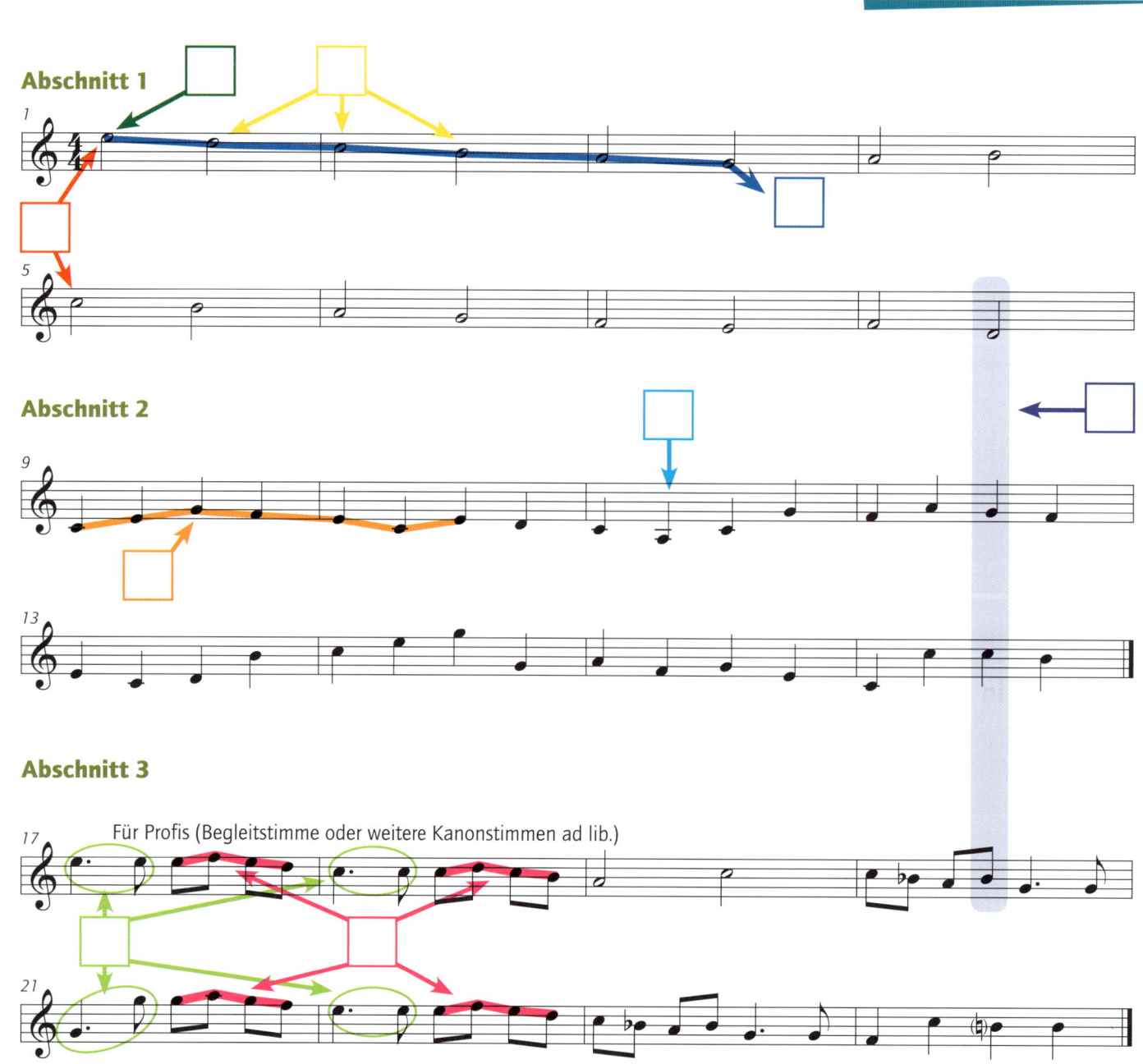

Abschnitt 1

Abschnitt 2

Abschnitt 3

Für Profis (Begleitstimme oder weitere Kanonstimmen ad lib.)

42

Aufgabe 13

a) Entwickle eine eigene Melodielinie zum Pachelbel-Kanon. Wähle dazu aus jedem Dreiklang des Begleitmodells einen Ton aus und schreibe ihn in die leere Zeile darunter. Fülle dann an manchen Stellen die Melodie mit zusätzlichen Viertel- oder Achtelnoten auf. Achte darauf, dass die verwendeten Notenwerte in jedem Takt jeweils 4 Viertel ergeben.

b) Spiele und singe deine Melodie zum Hörbeispiel.

Aufgabe 14

(→ SB, S. 201, A 4a)

a) Übertrage den Notenausschnitt des Songs „Go West" in die leere Notenzeile.

Go West

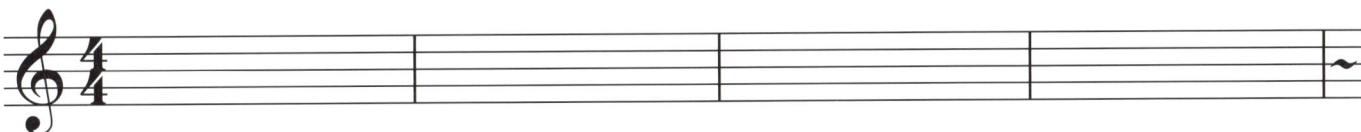

Pachelbel-Kanon

b) Vergleiche die Melodie mit dem Beginn des Pachelbel-Kanons. Kreise dazu in der Melodie von „Go West" die Noten farbig ein, die mit denen des Pachelbel-Kanons übereinstimmen.

c) Wie wurde die Melodie des Originals variiert?

[Das habe ich in diesem Kapitel gelernt]	Klar kann ich das!	Das gelingt mir meistens.	Das fällt mir noch schwer.
✚ im Bass-Schlüssel notierte Instrumente zu benennen			
✚ Noten im Bass-Schlüssel zu lesen und zu schreiben			
✚ verschiedene Oktavräume zu benennen			
✚ wie Pachelbel in seinem Kanon die Melodie verändert (variiert)			
✚ die Akkordfolge in Pachelbels Kanon mitzuverfolgen und eine eigene Melodiestimme dazu zu schreiben			

43

Ein lustiger Tanz der Truthähne

(→ SB, S. 208)

Aufgabe 1

(→ SB, S. 209, A 2)

a) Höre dir die musikalische Umsetzung der stolzierenden Truthähne von Bernstein an. Untersuche dann die musikalischen Mittel, die er verwendet. Trage dazu in die entsprechenden Kästchen die folgenden musikalischen Besonderheiten ein:

> 4/4-Takt im Wechsel mit 3/4-Takt – große, abrupte Melodiesprünge – Halbtonschritte (Chromatik) – Marschelemente (4/4-Takt → Foxtrott-Tanz) – Synkopen – ungewohntes Ende der Melodie: Überraschungseffekt

Turkey Trot

Musik: L. Bernstein
© Boosey

b) Ergänze den Lückentext, der erklärt, welche Details der stolzierenden Truthähne Bernstein wohl jeweils mit den oben genannten musikalischen Mitteln ausdrücken wollte.

_____ zeigen das stolze Umherlaufen der Tiere. _____ und

_____ stellen die etwas unbeholfenen Bewegungen und das Stolpern dar.

_____ charakterisieren das Hin- und Herlaufen. Die _____

_____ und _____ weisen auf die

Ziellosigkeit, Orientierungslosigkeit der Truthähne in der großen Menge hin.

Grundwissen aktiv

Taktwechsel

Der Wechsel von verschiedenen Taktarten in einem Stück bringt manchmal Humor in die Musik (wie z. B. beim „Turkey Trot"). Manche Komponisten verwenden dieses Mittel aber auch, um Spannung und Abwechslung in ihre Kompositionen zu bringen.

Carl Orff (siehe auch Kapitel 5 in deinem Schülerbuch) hat in seiner Komposition „Carmina Burana" viele Stücke mit Taktwechsel komponiert. Schreibe die richtigen Taktarten an die markierten Stellen. Es kommen folgende Taktarten vor: 3/8-Takt, 6/8-Takt, 12/8-Takt und 4/4-Takt.

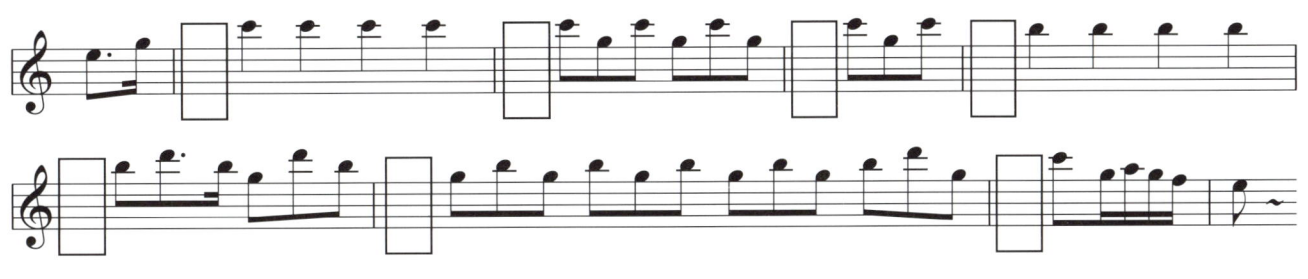

Aufgabe 2

Im süddeutschen Raum werden Volkstänze getanzt, die man wegen der Taktwechsel „Zwiefache" nennt. Hier sind Melodie und Text (süddeutscher Dialekt) eines solchen Tanzes abgedruckt.

Leitl müaßts lustig sei

Melodie

Text u. Musik: überliefert

Text
Leit, Leit, Leitl müaßts lustig sei, lustig sei, derfts, derfts, derfts ja net traurig sei, traurig sei ...

a) Schreibe den Text unter die Melodie (eine Silbe pro Note).
b) Sprich dir den Text laut vor und setze die Taktstriche vor die betonten Wortsilben.
c) Prüfe dann für jeden Takt die Taktart und schreibe sie immer wieder dort in die Noten, wo sie sich ändert.
d) **Gruppenarbeit:** Gruppe 1 singt das Lied, Gruppe 2 führt die unten notierte Bodypercussion dazu aus.

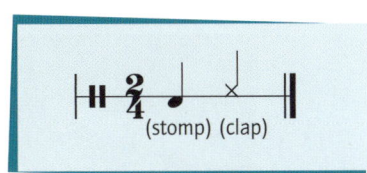

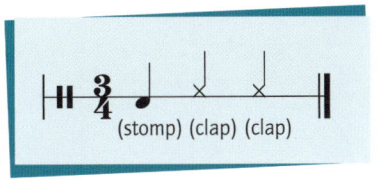

Bernstein – ein musikalisches Universum

(→ SB, S. 210)

Aufgabe 3

Lies dir die Informationen über Leonard Bernstein im Schülerbuch auf den Seiten 208–211 durch. Schreibe dann Kurzdefinitionen zu den folgenden Stichwörtern auf.

Harvard University:

_____

_____

„I Like To Be in America":

_____

_____

Lawrence:

_____

_____

New York Philharmonic Orchestra:

_____

_____

_____

Turkey Trot:

_____

_____

_____

_____

_____

Young People's Concerts:

_____

_____

_____

_____

_____

_____

Aufgabe 4 (G 5–7)   (→ SB, S. 211, A 1)

Höre die Ausschnitte aus Bernsteins Kompositionen an.

a) Halte stichpunktartig unten in den leeren Kästchen fest:
Wie ist der Charakter der Werke? Wer spielt die Musik (Besetzung)?

b) Beschrifte die Bilder: Kirche – Konzertsaal – Musical-Theater.

c) Ordne mit Pfeilen zu, an welchen Orten die Werke wohl aufgeführt werden.

1 Charakter:

Besetzung:

2 Charakter:

Besetzung:

3 Charakter:

Besetzung:

46

Aufgabe 5

(→ SB, S. 211, A 2)

Recherchiere im Internet über Leonard Bernstein. Verwende mindestens zwei verschiedene Internetseiten und halte stichpunktartig zu den 8 abgedruckten Leitfragen deine Ergebnisse fest.

❖ Wie verbrachte Bernstein seine Kindheit?

❖ Durch welches Ereignis wurde er einer großen Öffentlichkeit bekannt?

❖ Bernstein war nicht nur Dirigent. Welche (musikalischen) Talente hatte er noch?

❖ Welches ist Bernsteins bekanntestes Werk? Wovon handelt es?

❖ Finde Informationen über ein oder zwei weitere wichtige Kompositionen von Bernstein.

❖ In welcher Weise nutzte Bernstein das Fernsehen?

❖ Bernstein war Amerikaner. Wieso nennt man ihn auch einen „Weltbürger"?

❖ Nachdem du viel über Bernstein gelesen hast: Was hat dich am meisten interessiert, welche Informationen sind dir im Gedächtnis geblieben?

47

Aufgabe 6

(→ SB, S. 211, A 3)

Du hast schon einiges über das Leben von Musikern gelernt, die in verschiedenen Jahrhunderten lebten. Verglei-che die Lebenssituationen und die Möglichkeiten von Johann Sebastian Bach, Wolfgang Amadeus Mozart und Leonard Bernstein miteinander, indem du die Tabelle ausfüllst.

[Tipp] In deinem Schülerbuch findest du Informationen über Mozart (Kapitel 4) und Bach (Kapitel 15).

	J. S. Bach	W. A. Mozart	L. Bernstein
War er Angestellter oder Freiberufler?			
Wo wirkte der Kompo-nist (Heimat, Ausland, Reisen ...)?			
Hatte er Kontakt/ intensiven Austausch mit anderen Künstlern?			
Welche Fortbewegungs-mittel standen ihm zur Verfügung?			
Wo fanden seine Konzerte statt?			
Wer besuchte seine Konzerte?			
Welche Medien konnte er nutzen, um seine Kompositionen zu ver-breiten?			

[Das habe ich in diesem Kapitel gelernt]	Klar kann ich das!	Das gelingt mir meistens.	Das fällt mir noch schwer.
✚ Taktwechsel zu erkennen und zu notieren			
✚ Details über ein Orchesterwerk von Leonhard Bernstein und sein Leben			
✚ die Lebenssituationen von Musikern verschie-dener Jahrhunderte zu vergleichen			

Zu Papier gebracht: Notation von Musik

(→ SB, S. 216)

Aufgabe 1

Schon vor mehreren hundert Jahren haben Musiker damit angefangen, Musik aufzuschreiben.

a) Überlege, welche Gründe es wohl gibt, Musik zu notieren.

_____

_____

_____

_____

b) In manchen Kulturen (z. B. Afrika) wurde Musik traditionell mündlich weitergegeben. Dies ist auch heute noch oft so. Man kann Musik auch in Form einer Tonaufnahme weitergeben. Notiere in Stichworten, welche Vor- bzw. Nachteile die unterschiedlichen Überlieferungsmethoden jeweils haben könnten.

Art der Überlieferung	Vorteile	Nachteile
schriftlich (aufschreiben in Notenschrift o. Ä.)		
mündlich (vorsingen, erklären, vorspielen)		
technisch (Schallplatte, CD, MP3 usw.)		

Geschichte der Notation

Grundwissen aktiv

Ergänze die Definitionen der vier Notationsformen mithilfe der Auswahlwörter unten.

❖ **Neumen** (griech., Wink, Handzeichen) nannte man die ersten Notenzeichen, die den

_____ der Mönche nachempfunden waren.

❖ Der **Generalbass** war eine _____ , die ab dem _____

verwendet wurde. Unter der Basslinie wurden _____ notiert, die dem Spieler anzeigten,

welche _____ zu spielen waren.

❖ In einer **Partitur** sind alle beteiligten _____ abgedruckt. Ein _____ hat

auf diese Weise den Überblick, wer wann was spielt bzw. singt.

❖ Weil die _____ Notation für neue _____ nicht mehr

geeignet war, erfand man ab dem _____ neue musikalische Zeichen, die man

als **grafische Notation** bezeichnet.

Auswahlwörter: 17. Jahrhundert – 20. Jahrhundert – Dirigent – Dirigiergesten – experimentelle Klänge – Harmonien – herkömmliche – musikalische Kurzschrift – Stimmen – Zahlen

[Tipp] Kontrollmöglichkeit: Infobox auf S. 217 in deinem Schülerbuch.

Aufgabe 2

Betrachte die Notenbeispiele und notiere jeweils die passende Notationsform.

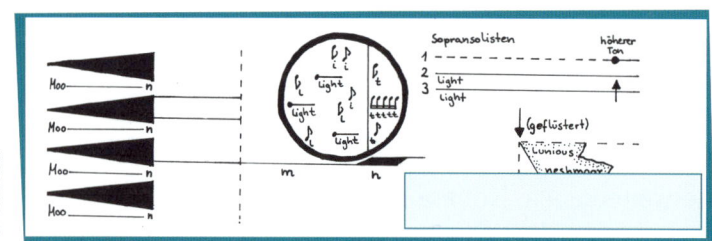

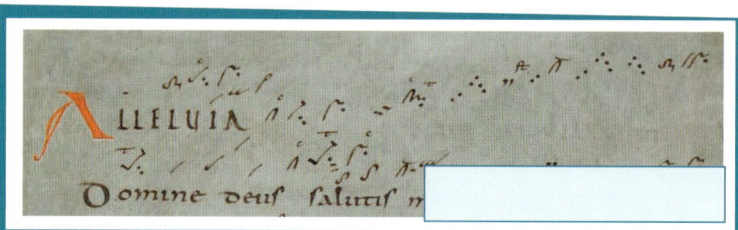

Die Partitur: Herausforderung für Augen und Ohren

(→ SB, S. 218)

Aufgabe 3

(→ SB, S. 219, A 3b)

Eine Partitur zu lesen, ist eine Herausforderung. Diese Fragen helfen dir, dich besser in einer Partitur zurechtzufinden.

[**Tipp**] Sieh noch einmal auf S. 176/177 in deinem Schülerbuch nach, was du über Instrumentengruppen im Orchester gelernt hast.

a) In welcher Reihenfolge sind die Instrumentengruppen in einer Orchesterpartitur (von oben nach unten) angeordnet?

1.

2.

3.

4.

b) Welche Instrumente stehen innerhalb einer Gruppe in der Regel weiter oben?

c) Wozu dienen die Klammern am linken Rand der Partitur?

d) Sieh dir die Taktstriche an. Was fällt dir auf?

e) Warum sind die Streichinstrumente als unterste Gruppe in der Partitur notiert?

Kleine Sinfonie

50

Aufgabe 4

(→ SB, S. 219, A 3a)

Betrachte die Partitur der „Kleinen Sinfonie" auf S. 50. Überlege, was sie dem Dirigenten mitteilen kann.

_____

_____

_____

_____

Aufgabe 5

(→ SB, S. 219, A 4)

a) Trage die Instrumentengruppen in der Reihenfolge in die Kästchen ein, in der sie im Hörbeispiel zu hören sind.

 ❶

 ❷

 ❸

 ❹

b) Du hörst das gesamte Orchester spielen. Nur ein Instrument pausiert. Welches markant klingende Instrument fehlt im Vergleich zum vorigen?

_____

Musik für ein königliches Feuerwerk

(→ SB, S. 220)

Aufgabe 6

Es bedarf einiger Übung, sich in einer großen Partitur gut zurechtzufinden. Dirigenten richten sich eine Partitur zunächst ein und markieren bestimmte Dinge, z. B. zusammengehörige „Blöcke" von Stimmen.

a) Markiere alle Stimmen, die rhythmisch dasselbe zu spielen haben, mit der gleichen Farbe.

Feuerwerksmusik

Musik: G. Fr. Händel

b) An vielen Stellen laufen die Stimmen „unisono", das heißt sie spielen nicht nur denselben Rhythmus, sondern auch dieselben Töne (zum Teil in verschiedenen Oktavlagen). Ergänze die Tabelle entsprechend.

Violine 1	Violine 2	–
Oboe 1	Oboe 2	Viola

Info: Der C-Schlüssel ist aus dem Buchstaben C heraus entstanden und zeigt die Position des Tones *c* an. Da die Bratsche meist in diesem Schlüssel notiert ist, wird er auch Bratschenschlüssel genannt.

Aufgabe 7

(→ SB, S. 220, A 1)

Höre dir den Anfang der „Feuerwerksmusik" an und verfolge die einzelnen Stimmen in der Partitur. Beantworte dann die folgenden Fragen:

❖ Welche Instrumente spielen in den Takten 1–4 die Hauptmelodie?

_____

❖ Wie heißt der höchste Ton der Hauptmelodie? _____

❖ Untersuche, in welchem Takt sich das Motiv des ersten Taktes wiederholt.

_____

❖ Wie nennt man diese Kompositionstechnik? _____

[**Tipp**] Diese Aufgaben kannst du am besten mit der multimedialen Programmierung „G. Fr. Händel: Feuerwerksmusik" lösen.

Aufgabe 8

(→ SB, S. 221, A 3)

Höre dir den gesamten Satz aus der „Feuerwerksmusik" an. Markiere in der Verlaufsskizze mit Schlangenlinien, in welchen Teilen die jeweiligen Instrumente die Melodie spielen.

	A-Teil	Wiederholung des A-Teils	B-Teil	Wiederholung des B-Teils
Trompeten	∿∿∿			
Hörner				
Oboen				
Geigen				

[**Das habe ich in diesem Kapitel gelernt**]

	Klar kann ich das!	Das gelingt mir meistens.	Das fällt mir noch schwer.
✚ Vor- und Nachteile verschiedener Formen der Überlieferung einzuschätzen			
✚ verschiedene Formen der Notation zu bezeichnen			
✚ den Aufbau einer Orchesterpartitur zu verstehen und einzelne Stimmverläufe zu analysieren			
✚ eine Partitur zur Musik mitzulesen			
✚ Instrumentengruppen und Einzelstimmen in einem Orchesterwerk hörend mitzuverfolgen			
✚ den formalen Aufbau von Händels „Feuerwerksmusik" mithilfe der Instrumentierung zu erschließen			

52

Klingende Umwelt – Klänge der Umwelt

(→ SB, S. 226)

Aufgabe 1 *Unser kleines Projekt*

(→ SB, S. 226, A 4)

a) Geht ins Freie, setzt euch an einen beliebigen Ort (jeder an einen anderen!) und lauscht fünf Minuten lang in eure Umgebung. Versucht, möglichst vieles von dem, was ihr hört, aufzuschreiben. Verwendet für eure Hörpartitur auch selbst erfundene (grafische) Zeichen und Symbole.

Hörpartitur: _____ (Ort eintragen)

1. Minute			
2. Minute			
3. Minute			
4. Minute			
5. Minute			

b) Partnerarbeit: Tauscht eure Hörpartituren und versucht nacheinander, sie mit Instrumenten, Gegenständen, eurer Stimme und eurem Körper zum Klingen zu bringen. Führt die Komposition im Zeitraffer (also in verkürzter Zeit) aus. Insgesamt sollte die Aufführung ca. 1 Minute dauern.

c) Besprecht abschließend, was an der Umsetzung der „Partitur" besonders gelungen ist. An welchen Stellen gibt es Änderungsvorschläge?

Klangarten

(→ SB, S. 227)

Aufgabe 2

(→ SB, S. 227, A 6)

a) Wählt vier Spieler, die die auf den vier Aktionskarten dargestellten Klangaktionen ausführen.

b) Hört euch die einzelnen Klangaktionen genau an. Ordnet sie dann den vier Klangarten in der Tabelle zu und tragt jeweils die wichtigsten Klangeigenschaften ein.

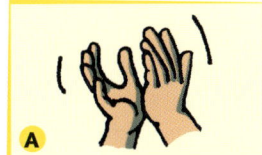   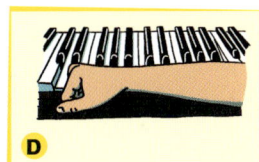

Klangart	Aktionskarte	Klangeigenschaften
Schichtklänge		
Punktklänge		
Schwebeklänge		
Gleitklänge		

Von der Natur der Klänge

(→ SB, S. 227)

Aufgabe 3

Du siehst verschiedene Notationsmöglichkeiten von Musik in Form grafischer Partituren.

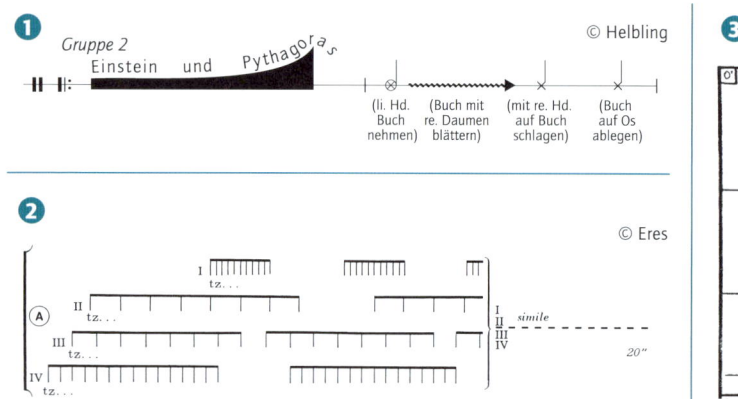

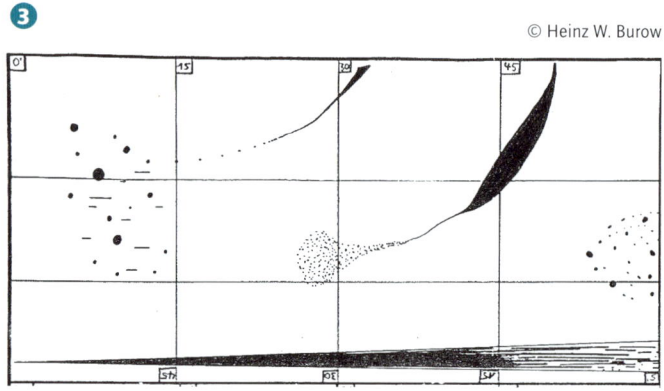

a) Markiere in den Partituren, welche Notationsformen für dich ungewohnt bzw. eher unbekannt sind.

b) In welcher Partitur hat der Komponist seine Klangvorstellung besonders exakt festgehalten?
Begründe deine Entscheidung.

_____

_____

c) Welche Notationsform gibt den Aufführenden den meisten Gestaltungsspielraum?
Nenne auch hier Argumente für deine Entscheidung.

_____

_____

Aufgabe 4

(→ SB, S. 227, A 7a)

Höre einen Ausschnitt (ca. 60 Sekunden) aus Krzysztof Pendereckis „De natura sonoris" („Von der Natur der Klänge"). Fertige dazu eine Hörpartitur an. Trage den Verlauf der Klangarten mit passenden Symbolen (z. B. Punkte, Striche) grafisch ein.

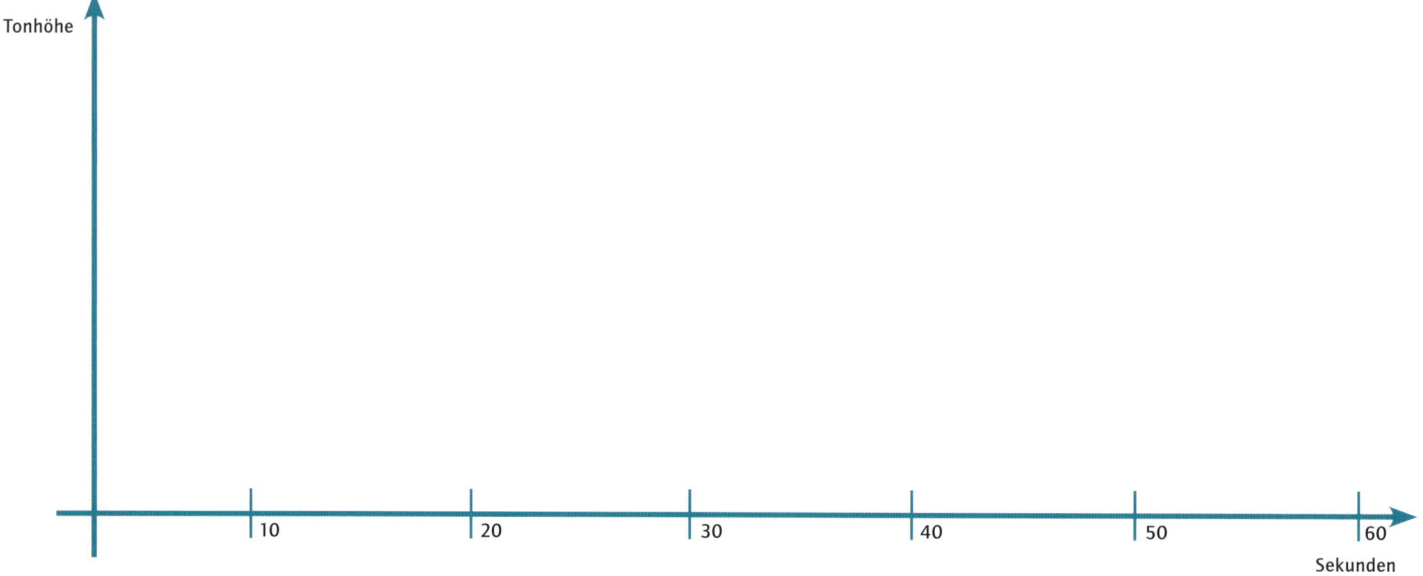

54

Aufgabe 5

Mit Partituren hast du dich schon in Kapitel 18 ausgiebig beschäftigt. Hier siehst du, wie Penderecki seine Musik in Form einer Partitur aufgeschrieben hat.

a) Höre den Beginn von Pendereckis Komposition an. Verfolge die Musik anhand der Partitur.

b) Mache Eintragungen in die Partitur:

❖ Welche Instrumente spielen jeweils?

❖ Markiere die Angaben über die Lautstärke.

❖ Welche Klangarten erklingen jeweils?

❖ Forsche nach, was die folgenden Begriffe bedeuten:

„senza vibr.": _____

„gliss." (Glissando): _____

c) **Für Profis:** Finde heraus, wie die Bratschen (vl) bei ihrem ersten Einsatz spielen sollen.

De natura sonoris I

Musik: K. Penderecki
© Schott

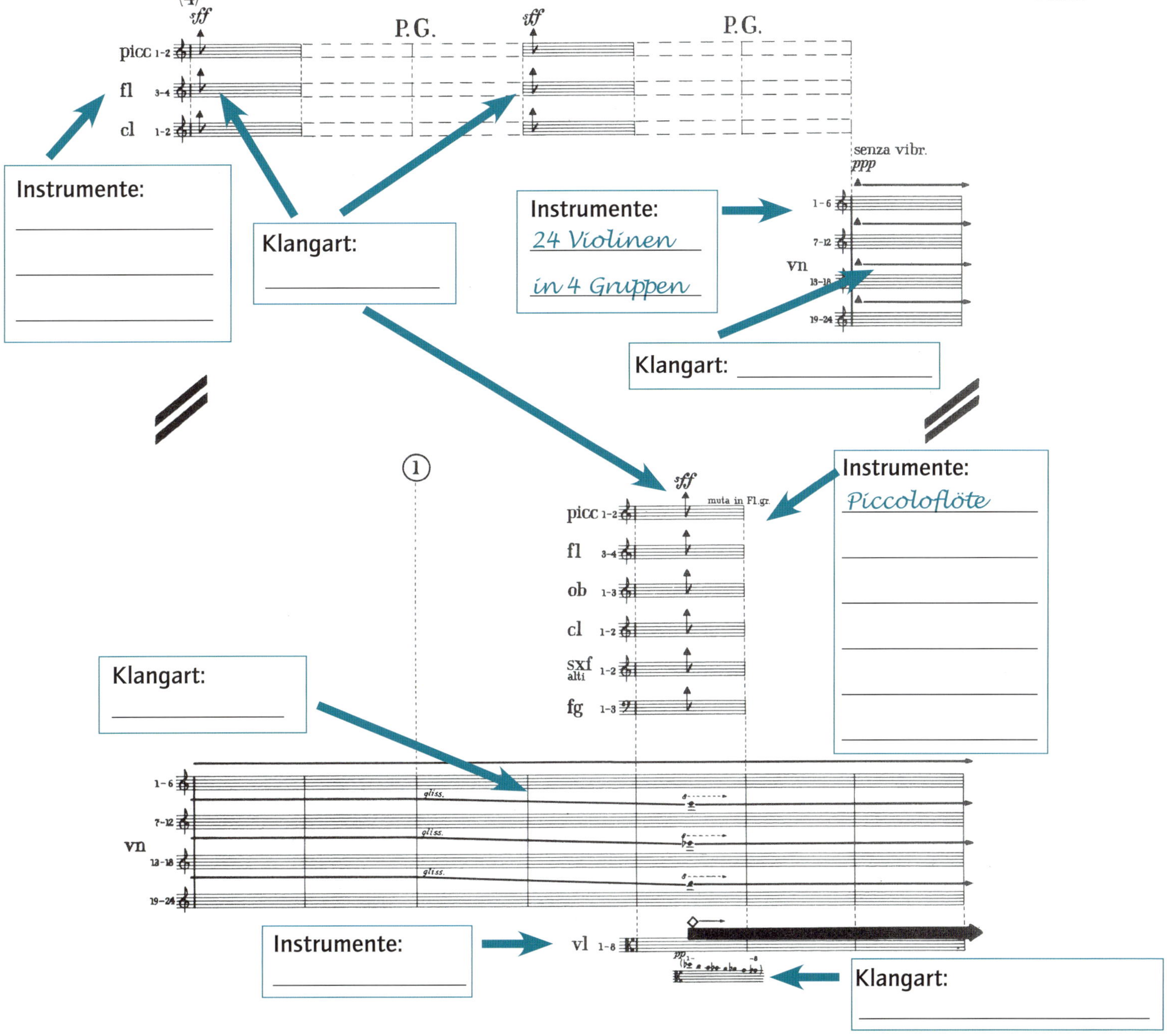

Instrumente:
_____
_____
_____

Klangart:
_____

Instrumente:
24 Violinen
in 4 Gruppen

Klangart: _____

Instrumente:
Piccoloflöte
_____
_____
_____
_____

Klangart:
_____

Instrumente:
_____
_____

Klangart:
_____

Zu Besuch beim Komponisten Dieter Mack

(→ SB, S. 230)

Aufgabe 6

Lies aufmerksam das Interview mit Dieter Mack (S. 230/231 in deinem Schülerbuch) und beantworte folgende Fragen:

? Was kann ein Kompositionsstudent lernen und was nicht?

! _____

_____

_____

? Warum sollte ein Komponist heute nicht so komponieren wie Mozart?

! _____

_____

_____

_____

? Warum ist es schwierig, nur vom Komponieren Neuer Musik zu leben?

! _____

_____

_____

_____

? Wozu benötigt Dieter Mack ein kleines Büchlein, das er immer bei sich trägt?

! _____

_____

_____

Aufgabe 7

(→ SB, S. 230, A 1)

Ein Komponist benötigt neben kreativen Einfällen viel Disziplin und eine gute Arbeitsplanung. Im Interview auf S. 230/231 in deinem Schülerbuch erklärt Dieter Mack, in welchen Arbeitsschritten seine Kompositionen gewöhnlich entstehen. Erstelle aus diesen Informationen einen Arbeitsplan.

So geht Dieter Mack beim Komponieren vor:

✔ Schritt 1: _____

✔ Schritt 2: _____

✔ Schritt 3: _____

✔ Schritt 4: _____

✔ Schritt 5: _____

Aufgabe 8

(➜ SB, S. 230, A 3)

Ordne die unten stehenden Aussagen den vier Komponisten Wolfgang Amadeus Mozart (➜ SB, Kapitel 4), Johann Sebastian Bach (➜ SB, Kapitel 15), Leonard Bernstein (➜ SB, Kapitel 17) und Dieter Mack (➜ SB, S. 230/231) zu, indem du die Kästchen in der entsprechenden Rahmenfarbe schraffierst.

W. A. Mozart

J. S. Bach

L. Bernstein

D. Mack

Um sein Studium zu finanzieren, spielte er in Clubs und auf Hochzeiten.

Als moderner Komponist ist er immer auf der Suche nach neuen Klängen.

Er galt schon in frühen Jahren als musikalisches Wunderkind und wurde auf seinen Reisen wie ein Popstar gefeiert.

Er verbrachte fast sein ganzes Leben nur in Mitteldeutschland.

Er verbrachte seine Kindheit und Jugend in Salzburg. Nach der Entlassung beim Salzburger Fürsterzbischof arbeitete er bis zu seinem Tod als freier Künstler in Wien.

Er war ein Meister im Komponieren von kunstvollen Imitationsformen.

Er studierte Komposition an der Musikhochschule Freiburg.

Seine Partituren sehen eher aus wie abstrakte Bilder.

1957 schrieb er eines der erfolgreichsten Musicals, die „West Side Story".

Er beschäftigte sich in Indonesien mit balinesischer Musik.

Er hatte eine Konzertreihe im Fernsehen, in der er jungen Menschen klassische Musik erklärte.

Für seine Schüler schrieb er Inventionen, um ihnen das Komponieren beizubringen.

Er ließ sich in seiner Oper „Die Entführung aus dem Serail" von den Klängen türkischer Militärkapellen (Janitscharen) inspirieren.

[Das habe ich in diesem Kapitel gelernt]

	Klar kann ich das!	Das gelingt mir meistens.	Das fällt mir noch schwer.
✚ verschiedene Klangarten zu unterscheiden			
✚ eine grafische Hörpartitur zu erstellen und klanglich umzusetzen			
✚ verschiedene Möglichkeiten grafischer Notation zu verstehen und einzuordnen			
✚ wichtige Informationen aus einem Interview herauszufinden			
✚ Details aus dem Leben von Komponisten aus verschiedenen Jahrhunderten zuzuordnen			

57

[Kapitel 20: Fremd und vertraut]

Weltmusikforscher – auf der Suche nach fremden Klängen

Aufgabe 1 33–38

[**Tipp**] Die Infotexte im Schülerband auf S. 236/237 helfen dir bei deiner Aufgabe als „Weltmusikdetektiv".

a) Ordne zunächst die Hörbeispiele den Ländern zu.
b) Verbinde dann mit Pfeilen die Musikerbilder mit dem jeweiligen Land.
c) Ergänze zuletzt charakteristische Instrumente oder sonstige Informationen.

(→ SB, S. 236)

(→ SB, S. 237, A2)

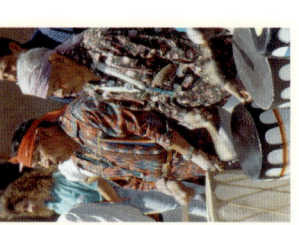

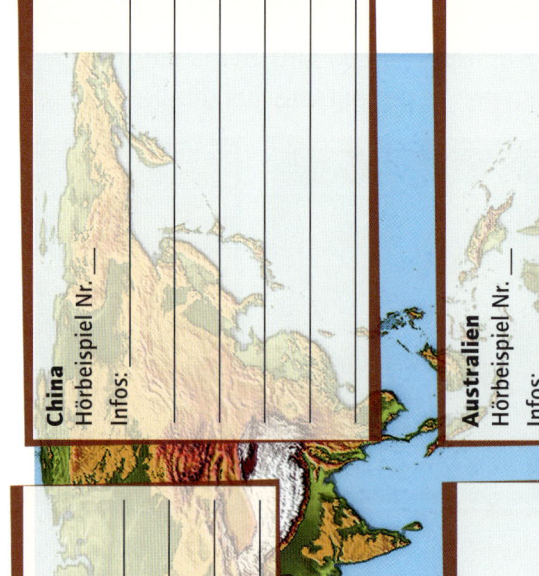

China
Hörbeispiel Nr. ____
Infos:

Australien
Hörbeispiel Nr. ____
Infos:

Irland
Hörbeispiel Nr. ____
Infos:

Simbabwe
Hörbeispiel Nr. ____
Infos:

USA
Hörbeispiel Nr. ____
Infos:

Brasilien
Hörbeispiel Nr. ____
Infos:

Aufgabe 2

Auf den Seiten über die Weltmusik (S. 236/237 in deinem Schülerbuch) kommen viele Fremdwörter vor. Lies dir die Texte noch einmal durch und löse dann das Kreuzworträtsel.

waagrecht

2 Bevölkerungsgruppe im südlichen Afrika

3 Holz, aus dem Zupfinstrumente in Asien hergestellt werden

5 Land, in dem der Dudelsack gespielt wird

7 geheimnisvoll

10 wurde früher in China zur Herstellung der Saiten verwendet

11 Instrument, bei dem Lamellen aus Metall mit den Fingern gezupft werden

12 Indianersprache im Südwesten der USA

senkrecht

1 Karneval in Rio de Janeiro

4 australisches Blasinstrument aus einem Baumstamm

6 Insekten, die Holz fressen und daraus große Hügel für ihren Staat bauen

8 brasilianischer Musikstil

9 indianische Frau

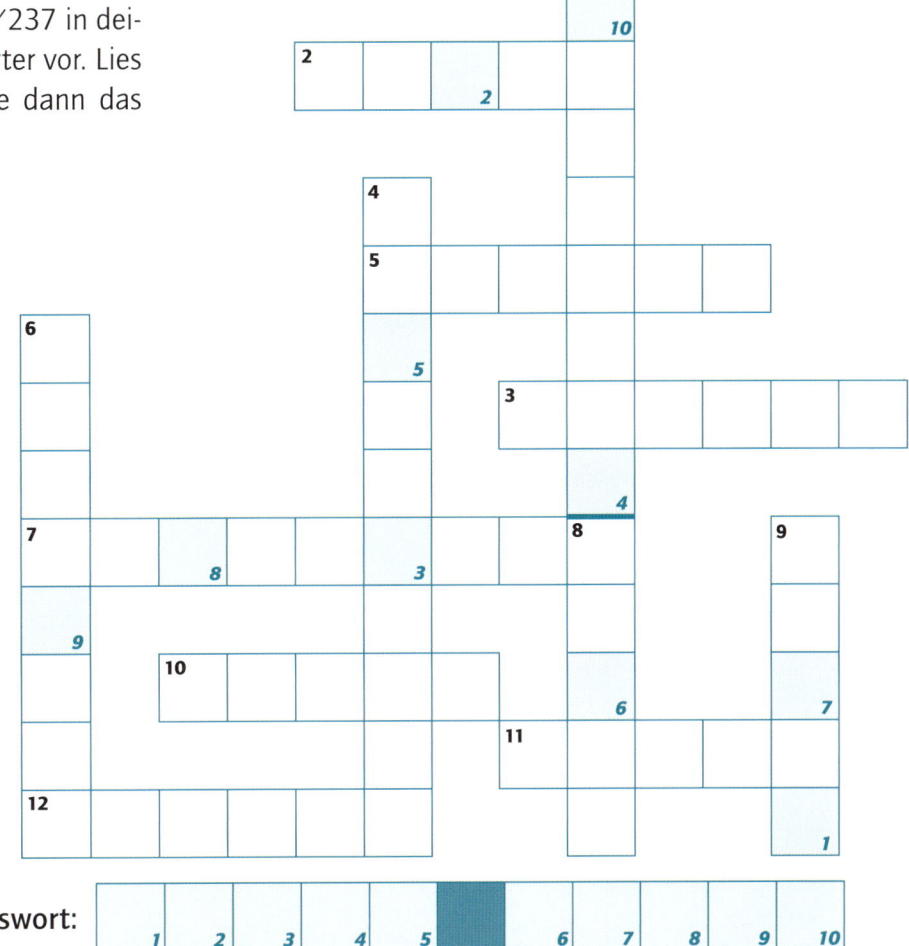

Lösungswort:

| 1 | 2 | 3 | 4 | 5 | | 6 | 7 | 8 | 9 | 10 |

Alien-Songs: Musik als universelle Sprache?

(→ SB, S. 238)

Aufgabe 3

(→ SB, S. 239, A 2)

In dem Film „Unheimliche Begegnung der dritten Art" wird Musik als Mittel genutzt, um Kontakt mit den Außerirdischen aufzunehmen. Dazu dient ein kurzes Motiv.

a) Beschrifte das Motiv mit den Tonnamen und den verwendeten Intervallen.

b) Spiele das Motiv auf einem Instrument (z. B. Stabspiel, Klavier).

c) Führe zum Hörbeispiel die Ablaufskizze der „Unterhaltung" fort. Halte fest, wer wann „spricht" und was „gesagt" wird.

[**Tipp**] Höre z. B. darauf, wie sich das Motiv verändert (verkürzt oder auflöst).

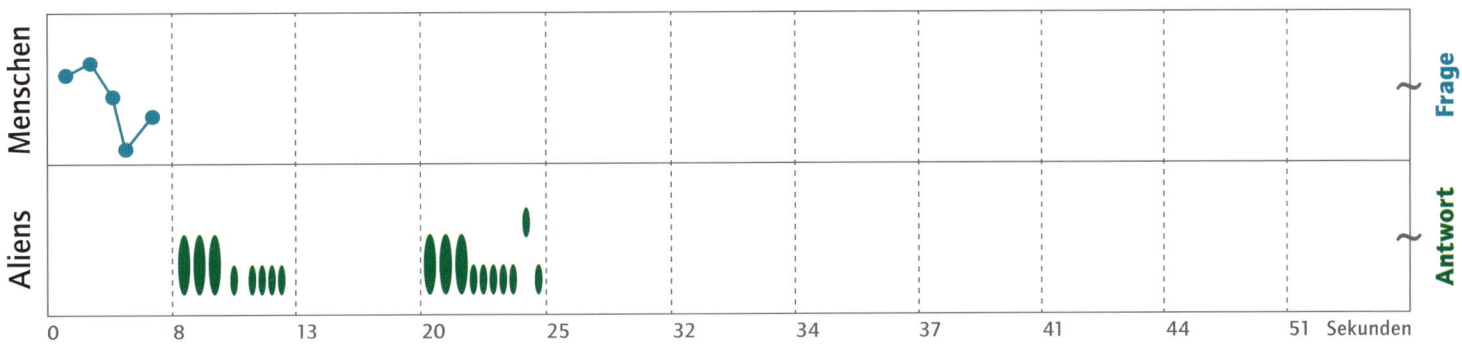

Musikwelten: meine Musik – deine Musik

(→ SB, S. 240)

Aufgabe 4

(→ SB, S. 240, A 1)

a) Notiere in der Tabelle, wann und wo du eine bestimmte Musik in der letzten Woche gehört oder selbst gespielt hast.

b) Notiere stichpunktartig, welche Wirkung die Musik jeweils auf dich hatte.

c) **Partnerarbeit:** Tausche dich mit deinem Banknachbarn aus und berichte ihm von deiner musikalischen Woche.

Tag	Ort/Situation	Art der Musik	Wirkung
Montag			
Dienstag			
Mittwoch			
Donnerstag			
Freitag			
Samstag			
Sonntag			

Aufgabe 5 ⓒ 40, 41

(→ SB, S. 240, A 2)

Gruppenarbeit: Bildet zwei Gruppen. Jede Gruppe betrachtet eines der beiden Bilder im Schülerbuch auf S. 240 und hört dazu einen Musikausschnitt.

a) Notiere während des Hörens eine kurze Beschreibung des Bildes.

b) Dann betrachten die Gruppen das jeweils andere Bild. Notiert wieder eure Beobachtungen, während ihr einen anderen Musikausschnitt hört.

c) Tauscht euch darüber aus, ob es Unterschiede in eurer Beschreibung gibt. Auf welche Weise kann Musik unsere Wahrnehmung beeinflussen?

Bild, das ich zu **Hörbeispiel 1** betrachte:

Bildbeschreibung (Situation, Stimmung …):

_____

_____

_____

_____

Bild, das ich zu **Hörbeispiel 2** betrachte:

Bildbeschreibung (Situation, Stimmung …):

_____

_____

_____

_____

60

Aufgabe 6 (G. 42–46)

Betrachte die Bilder auf S. 241 in deinem Schülerbuch. Stelle dir vor, du bist Einkaufsleiter, Restaurantchef oder Zahnarzt. Wähle aus den Hörbeispielen Musik für den Supermarkt, das Lokal und das Wartezimmer aus. Begründe kurz deine Entscheidung.

1

2

3

4

5

Beispiel _____ würde ich im Supermarkt spielen,

weil _____

_____

Beispiel _____ würde ich im Restaurant spielen,

weil _____

_____

Beispiel _____ würde ich in der Zahnarztpraxis spielen,

weil _____

_____

Eyvallah, auf Wiedersehen!

(→ SB, S. 242)

Aufgabe 7

In dem Kanon „Eyvallah" lernst du, dich in verschiedenen Sprachen zu verabschieden. Ergänze neben den Flaggen die zugehörige Sprache und das jeweilige Wort für „Auf Wiedersehen".

🇨🇳		Zaijian	🇦🇹		
🇩🇪			🇵🇱		
🇫🇮	Finnisch		🇸🇪		Hejdå
🇫🇷			🇪🇸		
🇬🇷		Addio	🇨🇿	Tschechisch	
🇬🇧			🇹🇷		
🇮🇪					

[Das habe ich in diesem Kapitel gelernt]	Klar kann ich das!	Das gelingt mir meistens.	Das fällt mir noch schwer.
✚ Merkmale von Musik fremder Länder und Kulturen zu beschreiben und hörend zu unterscheiden			
✚ wie sich aus einem kurzen Motiv eine musikalische Unterhaltung entwickelt			
✚ einen Wochenplan über meine Hörgewohnheiten zu erstellen			
✚ wie Musik die Wirkung eines Bildes/einer bestimmten Situation verändern kann			

61

[Anhang]

Musiklehre kurz gefasst

Tiefe Töne werden im Bass-Schlüssel notiert!

Oktavräume

(➜ SB, S. 198)

Die sieben **Stammtöne** entsprechen den weißen Tasten des Klaviers. Um die Töne eindeutig benennen zu können, hat jeder **Oktavraum** eine eigene Bezeichnung.

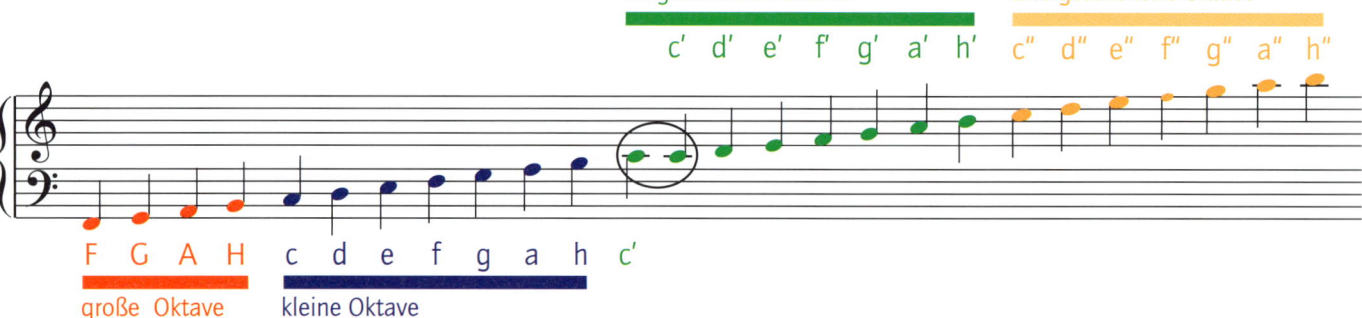

Dur und Moll

(➜ SB, S. 75, 161 – 163)

Die Dur- und die Moll-Tonleiter haben beide jeweils acht Töne, aber die Abfolge der Ganztonschritte und Halbtonschritte ist unterschiedlich.

Geheimcode für Halbtonschritte:
Dur: 3478   **Moll:** 2356

Spielt man die Stammtöne beginnend mit dem Ton *c'*, erhält man die **C-Dur-Tonleiter:**

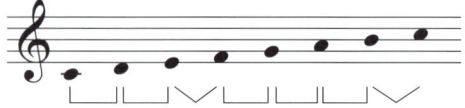

Spielt man die Stammtöne beginnend mit dem Ton *a'*, erhält man die **a-Moll-Tonleiter:**

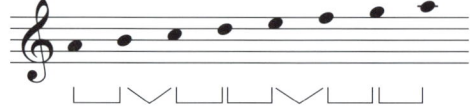

Versetzungszeichen und Vorzeichen

(➜ SB, S. 163)

Die Tonhöhe eines Stammtons kann man durch Versetzungszeichen verändern.
Es gibt drei verschiedene Versetzungszeichen:

Achtung Ausnahmen!
statt *ees* ➜ **es**
statt *aes* ➜ **as**
statt *hes* ➜ **b**

♯ Kreuz	Der Stammton wird um einen Halbtonschritt **erhöht.**	f → fis
♭ B	Der Stammton wird um einen Halbtonschritt **erniedrigt.**	g → ges
♮ Auflösungszeichen	Die Versetzung durch ein Kreuz oder ein B wird **rückgängig** gemacht.	f → fis → f g → ges → g

Versetzungszeichen stehen direkt vor einer Note, Vorzeichen werden am Anfang des Stückes und an jeder Notenzeile notiert. Sie gelten für das gesamte Stück.

Um die Abfolge von Ganz- und Halbtonschritten einhalten zu können, benötigt man bei einer D-Dur- bzw. d-Moll-Tonleiter Versetzungszeichen:

D-Dur

d-Moll

Intervalle

(→ SB, S. 162)

Ein Intervall gibt den **Abstand** zwischen zwei Tönen an. So umfasst eine Terz im Notenbild zunächst drei Tonschritte. Betrachtet man die Terz jedoch genauer, zeigt sich in der Feinbestimmung, dass es einen kleinen aber wichtigen Unterschied gibt:

kleine Terz

große Terz

Abstand: 3 Halbtonschritte   4 Halbtonschritte

Dur- und Moll-Dreiklänge

(→ SB, S. 101, 166)

Zwei übereinander geschichtete Terzen ergeben einen Dreiklang.

> Beim **Dur**-Dreiklang liegt die große Terz **u**nten, die kleine Terz ist oben.

> Beim **Moll**-Dreiklang liegt die große Terz **o**ben, die kleine Terz ist unten.

Dur-Dreiklang

kleine Terz

große Terz

Moll-Dreiklang

große Terz

kleine Terz

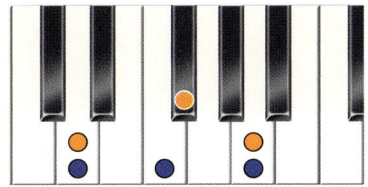

63

Stichwortverzeichnis

Fett gedruckte Seitenangaben verweisen auf Erklärungen in der Rubrik „Grundwissen aktiv".